AF305785

1896. Décembre. 14

Vente du Lundi 14 décembre 1896

HOTEL DROUOT — SALLE Nᵒ 11

A 2 heures précises, et le soir à 8 heures.

OBJETS RÉVOLUTIONNAIRES

AYANT TRAIT A

L'HISTOIRE DE PARIS & A LA PRISE DE LA BASTILLE

Provenant en partie des successions du colonel MAURIN et de PALLOY

AUTOGRAPHES — LIVRES — NUMISMATIQUE

Décorations et Insignes officiels Civils et Militaires

SOUVENIRS HISTORIQUES DE LA RÉVOLUTION & DU PREMIER EMPIRE

Boîtes, Dessins, Estampes, Miniatures, Clichés, Cachets

OBJETS DE VITRINE
FAÏENCES, ARMES, DRAPEAUX

CURIOSITÉS MILITAIRES

Uniformes, Coiffures, Sabretaches, Pièces d'équipement
Louis XVI et Premier Empire.

IMPORTANTE COLLECTION DE PLAQUES MILITAIRES FRANÇAISES

Mᵉ H. SANONER	**M. G. COURTOIS**
Commissaire-Priseur	Expert
27, rue de Châteaudun.	**72, rue d'Auteuil.**

Exposition le Dimanche 13 Décembre 1896

PRIVÉE : De 1 heure 1/2 à 3 heures.
PUBLIQUE : De 3 heures à 6 heures.

IMPRIMERIE CHAIX, RUE BERGÈRE, 20, PARIS. — 22212-11-96. — (Encre Lorilleux).

CONDITIONS DE LA VENTE

Elle sera faite au comptant.

Les acquéreurs paieront en sus des enchères cinq pour cent applicables aux frais.

L'exposition mettant le public à même de se rendre compte des objets, aucune réclamation ne sera admise aussitôt l'adjudication prononcée.

L'ordre du Catalogue sera suivi ou non au gré de l'expert qui se réserve le droit de réunir ou de diviser les lots. La collection de Plaques Militaires sera vendue conformément à la note faisant suite à son détail (v. après le N° 532).

Les Cartes, Autographes, Congés, Brevets, Assignats (1 à 133), les Livres (134 à 153) seront vendus le soir à huit heures avec les objets qui n'auront pu passer en vente dans la journée, notamment ce qui a trait à la numismatique.

M. COURTOIS se charge des Commissions.

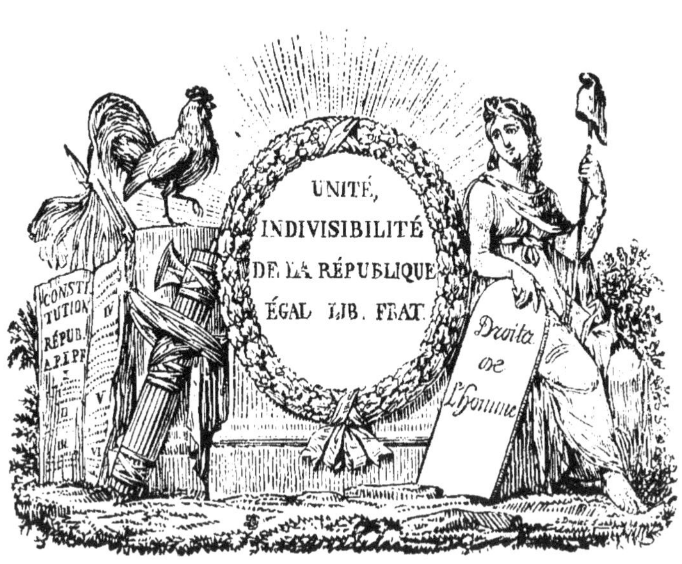

CARTES, AUTOGRAPHES, CONGÉS, BREVETS, ASSIGNATS

1. — Ordre émanant de la municipalité de Paris de payer à M. **Palloy**, au bénéfice du sieur Cotte, ouvrier démolisseur de la Bastille.....
    Pièce datée du 30 avril 1790.

2. — Vers par **Palloy,** sur la découverte de squelettes dans les cachots de la Bastille.
    Pièce datée et signée 1790.

3. — Extrait des registres de la municipalité de Pantin-lez-Paris accusant réception à M. **Palloy**, patriote grenadier, d'une pierre gravée provenant de la Bastille, ainsi que plusieurs dessins pour être distribués à divers habitants. Curieux détails à ce sujet.
    Pièce sur timbre, cachet en cire Pantin, signée et datée 13 juin 1791.

4. — Certificat d'artiste délivré par **Palloy** aux ouvriers qui travaillaient dans ses ateliers, au bas duquel sont des

canons, un cadavre la tête coupée, des vues de la Bastille, etc. Jolie gravure sur parchemin, signée Palloy.

Au revers de ce parchemin sont collés deux certificats délivrés par des contremaîtres de **Palloy** *à deux ouvriers qui ont travaillé l'un 18 mois, l'autre 22 mois à la démolition de la Bastille. Ils sont datés du 5 janvier et du 8 juin 1792.*

5. — Carte d'entrée dans les ateliers de **Palloy** pour visiter le modèle des Bastilles. L'enveloppe porte encore le curieux et prétentieux cachet de Palloy sur lequel on lit *Grenadier volontaire, entrepreneur de bâtiments. On y voit une Bastille, les armes de la Ville de Paris, des drapeaux à profusion, des fleurs de lis, des canons, des chaînes rompues, etc.*

Plus, deux enveloppes de lettres adressées à **Palloy**. Sur l'une on lit en rouge : *Ass. nationale* et cachet ; sur l'autre : *Section de la rue Braubourg, c'est lui qui le premier la voter. District des Carmélites.*

6. — Enseigne en vers que **Palloy** avait fait mettre sur sa porte et dont il distribuait des copies sur la route (1793). Autographe.

En tête : *Écrit que je distribuait sur la route.*

> **Nous ne voullons plus de princes**
> *Nous ne voullons plus de roi*
> *Ni pour régné nos provinces*
> *Ni pour régir la loi....., etc.*

7. — Reçu d'une somme de quatre-vingt-dix livres payée par le citoyen **Palloy** au sculpteur Largillière, pour *le travaille de sculpture et réparage de trois modelles de la Bastille, an deux de la R. F. 1793.*

Plus, un Bon de vingt-cinq livres payables au citoyen Le Roy.

Autographe daté du 15 juillet 1793 (an deux) signé Palloy, patriote.

8 — Le Procureur syndic du district de l'Égalité, département de Paris, envoie au patriote **Pallois** un gendarme chargé de rapporter l'ordre de la marche d'une fête civique, organisée par Palloy.

Pièce datée du 10 frimaire an II.

Plus, un Extrait du registre des délibérations de la commune de Belleville remerciant les citoyens **Hébert** et **Palloi** d'avoir prêté des objets d'ornements rehaussant l'éclat d'une fête civique à Belleville.

Pièce signée et datée du 6 nivôse an II, avec cachet de Belleville.

9. — Le Comité de surveillance de la commune de Sceaux-l'Unité convoque le citoien patriote **Palloi** pour faire preuve de pièces justificatives.

Lettre datée de l'an II. Curieux cachet de Sceaux.

10. — Copie d'une lettre de la citoyenne **Penthièvre**, écrite au citoyen **Palloy**, dont, par arrêté de la Société républicaine de Sceaux-l'Unité, l'original en a été déposé aux archives du Comité de Surveillance de ladite Société, avec invitation au secrétaire dudit comité d'en délivrer copie au citoyen Palloi. 18 brumaire an II. Cachet.

Palloy avait fait parvenir une pierre gravée de la Bastille, à la veuve d'Orléans, ancienne duchesse de Penthièvre, femme de L.-J. Marie de Bourbon, duc de Penthièvre, fils du comte de Toulouse, et dernier héritier des fils légitimés de Louis XIV. La veuve d'Orléans était la belle-mère de la princesse de Lamballe.

Plus : Lettre de l'agent municipal de la commune de Sceaux-l'Unité, au citoyen **Palloy**, architecte, propriétaire à Sceaux, lui demandant copie de la lettre qu'il adressa à la citoyenne Penthièvre, à l'occasion de la Demi-Lune de la Diane du Parc.

Signée et datée 20 germinal an IV. Cachets.

11. — Extrait du procès-verbal du Directoire du district de Tarascon, séance publique du 28 messidor an III, remerciant le patriote **Palloi** de l'envoi d'une pierre provenant des débris de la Bastille, sur laquelle se trouve incrusté le plan de cette forteresse, monument de l'ancienne servitude des Français, etc...

Pièce signée et datée an III.

12. — Extrait des minutes du Greffe du Tribunal criminel du département de la Seine, séant au Palais de Justice, à Paris, **annulant l'acte d'accusation dressé contre Pierre-François Palloy**, âgé de quarante-

deux ans, architecte-entrepreneur. Il manque une partie de cette pièce. 7 nivôse an IV.

En 1794, sur un rapport de Cavaignac, Palloy fut accusé de concussion et jeté en prison, il eut le bonheur d'en sortir et se retira à Sceaux, où il mourut, faisant frapper des médailles avec le fer des barreaux de sa prison, et encensant dans de mauvaises pièces de vers chaque pouvoir nouveau qui arrivait. (Voir n°s 6. 24 et 264.)

13. — Extrait des registres des nouveaux domiciliés de la commune de Sceaux-l'Unité, département de Paris, établissant que Pierre-François **Palloy**, patriote, architecte-propriétaire dans cette commune depuis environ dix ans, demeurant ci-devant à Paris, rue des Fossés-Saint-Bernard, section des Sans-Culottes, déclare fixer son domicile à Sceaux, avec son épouse et ses deux enfants, en sa maison, rue..... etc.

Pièce datée et signée, 2 avril 1793, visée par l'agent municipal, le 21 ventôse an IV. Cachet.

14. — Brouillon d'une pétition écrite aux citoyens Présidens et agens national du canton de Sceaux, par le citoyen **Palloy**, surpris d'être imposé sur le rôle de la contribution foncière pour une somme supérieure à son voisin, l'abbé La Couture...., etc.

Autographe de Palloy, daté du 30 thermidor an IV.

15. — Circulaire adressée par **Palloy**, aux hommes de lettres et aux journalistes, au moment de rendre ses comptes au sujet de la démolition de la Bastille.

Pièce signée Palloy, patriote. 5 mars an IV.

Plus une seconde, dans le même but que la première, qui paraît avoir été envoyée à beaucoup de monde, car on lit, en tête, de la main de **Palloy** :

A tous mes amis, et mes plus grands ennemis que je méprise.
Pièce signée Palloy, patriote, bourgeois, 9 mars an IV.

16. — Les citoyen et citoyenne **Palloy** font part du mariage contracté sous les auspices de la Divinité et de la Loi entre la citoyenne Palloy, leur fille, et le citoyen A.-F. Monvoisin, capitaine, aide de camp du général de division Harry, etc.

Sceaux-l'Unité, le 5 fructidor an V. — Deux billets.

Palloy fait graver en tête de ces lettres une curieuse vignette représentant un officier épousant une jeune personne, avec cette devise :

Sous ces auspices glorieux
Un himen ne peut q'être heureux.

Palloy aimait cette vignette au point d'en avoir collé quatre au revers des vues de la Bastille vendues sous le n° 233. Il en existe encore une derrière une petite peinture cataloguée n° 229.

Plus : vers par Mlle **Charlotte Palloy**.

17. — Lettre adressée par l'adjudant **Yvon**, de l'armée d'Italie, le 30 pluviôse, an V, au citoyen Palloi, architecte. A remarquer les passages suivants :

.....soit persuadé que tu ne seras jamais oublié de moi et que partout où nous nous trouverons plusieurs Patriotes rassemblés, Palloi sera un Esprit au milieu de nous...

.....l'on nous annonce l'arrivée de Monsieur le Prince Charles à l'armée, nous avons tous grande envie de voir ce héros de Rein paraître sur le théâtre et faire mesurer ses guerriers à coups de bâton avec les hommes libres, guidés par le petit caporal Buonaparte, nous nous ferons une fête de tacher de le démonter de son cheval, vu qu'il faut quatre hommes et un petit garçon pour le monter et un aveugle pour lui tenir la bride..... nous l'enverrons à l'écolle voler le S.-Sacrement et rendre le S.-Esprit qu'il n'a jamais trouvé, etc.....

Suit un impromptu chanté aux avant-postes à l'occasion de la prise de Mantoue.

Lettre signée Yvon, adjudant de 3° bataillon, 14° demi-brigade de bataille, 3° dragons, à Albiano, le 30 pluviôse an V. Cachet de l'armée d'Italie.

18 — Sommation faite par les administrateurs du département de la Seine au citoyen **Palloy**, à Sceaux d'avoir à faire enlever dans les huit jours les pierres et matériaux provenant de la Bastille, dont il s'était rendu adjudicataire, et qui encombraient le boulevard Antoine.

Pièce signée et datée du 6 prairial an VI.

19. — Bureau central du canton de Paris. — Permission de séjourner trois décades en cette commune est accordée au citoyen **Palloy** Pierre-François, âgé de quarante-

quatre ans, fils de Palloy Jean-Pierre-François et
Nobileau Marie-Louise, femme Palloy, natifs de Paris,
domiciliés à Sceaux-l'Unité : logés à Paris, place de
Lille, nº 1553, Xᵉ arrondissement, arrivés le 17 ventôse
an VI.

Pièce signée. Cachets.

Plus un extrait de l'administration municipale du
Xᵉ arrondissement, par lequel il appert que le citoyen
Pierre-François Palloy a déclaré être arrivé à Paris
le 15 ventôse an VI et y être domicilié, place des
Cinq-Cents, 181553.

Pièce signée, 17 ventôse an VI, Cachets.

20. — Brouillon de lettre de **Palloy** adressée au citoyen Dupuis
pour le remercier de plusieurs petits services qu'il lui
a rendus, et d'objets qu'il a bien voulu céder à sa
fille, etc.

Pièce signée.

Plus une permission de dix jours pour le nommé
Dupuis, accordée au citoyen Palloy avec de grands com-
pliments de la part du commissaire du Directoire exécutif près le département de la Seine.

Pièce signée, datée du 15 brumaire, an VI.

21. — Billet à ordre de 400 livres tournois souscrit par **Palloy**
et Louise **Nobileau**, son épouse, qu'il autorise, à
l'échéance de fin décembre 1808, payable place du Corps-
Législatif, nº 93.

Daté du 20 décembre 1806. Autographe de Palloy et de
sa femme.

22. — Explication d'un transparent placé par **Palloy** au-dessus
de sa porte pour la fête du roi **au 25 août 1821.**

Autographe de Palloy.

23. — Pièce en vers par **Palloy**, adressée au médecin Joseph-
Michel Thore, élève du célèbre monsieur Dubois, pour
le remercier d'avoir sauvé de la mort Mᵐᵉ Palloy,
âgée de quatre-vingts ans, en février et mars 1821.

Pièce signée.

24. — Deux pièces de vers par **Palloy, sur la mort du duc de Berri.**

> *Hélas ! Berri n'est plus !*
> *Au pied de son cercueil, la France désolée,*
> *De ce prince chéri rappelle les vertus.*
> *Partageant ses regrets, l'Europe consternée*
> *Répète en soupirant : Hélas ! Berri n'est plus ! etc., etc.*
>
> > *Par un habitant de la commune, ami des lois,*
> > *de l'ordre et de la paix, sensible, comme tout*
> > *bon Français qui aime sa patrie, à la perte*
> > *d'un prince qui en était l'espoir.*

Autographe de Palloy.

Plus, pièce en vers par Palloy.

Autographe, signé.

25. — *Oculos et corda rapit.*

Autographe de Palloy, signé.

26. — Formule de serment républicain que **Palloy** envoyait à tous ses amis, les bons patriotes, avec une médaille frappée sur du fer provenant des chaînes de la Bastille.

Nous promettons aux républicains que nous extermine- *rons tous les tyrans, tous les despotes, etc., etc.*

Cachets.

27. — Détail tragi-comique de ce qui est arrivé à **Palloy,** dans la nuit du 28 juin 1830, et chanson composée par ledit au sujet de cet événement.

Trois pièces autographes.

Plus brouillon d'une lettre de **Palloy** à une dame.

Autographe signé, 8 décembre 1830.

28. — Enveloppe d'une réponse faite à **Palloy** par le **duc de Bordeaux,** au sujet d'une demande de pension.

Une autre émanant du **cabinet de la Reine,** 1834.

29. — Correspondance entre le **colonel Maurin,** propriétaire d'une remarquable collection d'objets de l'époque révolutionnaire, notamment les objets fabriqués par Latude dans sa prison.

Et messieurs **de Pixérécourt et Carmouche,** directeurs des théâtres de la Gaité et de Versailles pour la location desdits objets.

Plus une curieuse Notice de la vente après décès des objets historiques de la Révolution française, composant la collection du colonel Maurin, dont la vente a eu lieu rue des Boulangers-Saint-Victor, n° 13, faubourg Saint-Marceau, le jeudi 30 novembre, vendredi 1er et samedi 2 décembre 1848, à midi, par le ministère de Mes Mony et Langlois, commissaires-priseurs, à Paris, assistés de **M. Théret**, expert. Exposition publique le mercredi 29 novembre 1848, de midi à quatre heures. Suit le détail.

Il appert de ces documents que **M. de Pixérécourt**, *un des auteurs de la pièce* Latude *et directeur du théâtre de la Gaîté, loua, le 15 novembre 1834, au colonel Maurin les objets composant sa collection, destinés à figurer au foyer du public. Ils furent sauvés de l'incendie qui dévora la salle et le théâtre le 21 février 1835. M. Combourg, directeur du théâtre de Versailles, les sollicita à son tour. Le colonel Maurin les refusa catégoriquement d'abord, et sur les instances de M. Combourg, il consentit à lui vendre mais non à lui louer, ce qui ne fut pas accepté par ce dernier. Enfin, il fut arrêté que la collection Maurin serait louée à Combourg moyennant une somme de quatre cents francs, payée comptant, pour quinze représentations, dans un délai de deux mois ou, en cas de perte, une indemnité de deux mille francs. (Que d'amateurs, aujourd'hui, seraient acquéreurs à ce prix!) La pièce ne fut jouée que dix fois, et le tout fut restitué au colonel Maurin en 1835. A sa mort, elle fut dispersée, comme le dit la notice, en 1848. La fameuse échelle de corde est actuellement au musée Carnavalet, plus en sûreté là que dans un foyer de théâtre, et une grande partie des objets provenant des successions P. et B, fait l'objet de la présente vente.*

30. — Copie d'une lettre adressée à **Palloy** et réponse de Palloy à cette lettre.

> *Deux pièces autographes signées, 1817.*

31. — **Diplôme de la Société des Sans-Culottes**, avec signatures, ruban tricolore tenant le sceau, 20 germinal an VIII.

32. — Commission de sous-lieutenant du bataillon 2 des volontaires nationaux de l'Aude. Carcassonne, 11 novembre 1791, avec ruban tricolore, rouge, bleu, blanc frappé de cette inscription : « V. ou M. pour la Patrie. » Parchemin.

33. — Ordre provenant de la municipalité de Paris, de payer à un
cordelier la somme de 77 livres 15 sols 6 deniers.

Cette pièce, datée du 31 août 1790, est signée **Santerre.**

34. — Lettre de **Bailly**, maire de Paris, à MM. les curé et
marguilliers de Saint-Gervais, pour célébrer la céré-
monie de la prise de la Bastille, datée du 12 juillet 1790.
Une enveloppe du même, même destination, avec
cachet.

Deux autographes, signés.

35. — **Décoration et brevet** sur parchemin du citoyen
invalide Benoist Engelman, du 23 décembre 1792
an premier. (Voir 207.)

36. — **Brevet de garde national** qu'il fallait avoir en poche
toutes les fois qu'on portait l'uniforme. Daté du
1er juillet 1790. **Bataillon des Barnabites,** sur un
timbre on lit : « Bataillon d'Henry quatre. »

37. — **Curieux rapport** du commandant du poste de la garde
nationale, rue Saint-Martin, pendant la nuit **du
10 août 1792** (près des Tuileries), plus un congé ab-
solu en blanc.

38. — Dix actions de la caisse Lafarge, au profit du fermier
général Louis-François-Joseph Parin de Valcourt, qui
a placé ces actions sur la tête du petit prince royal
Louis-Charles de France, le Dauphin depuis Louis XVII.
Plus acte d'adhésion à la Banque du Peuple, Proud'hon
et Cie, et 4 reçus de la Banque.

39. — Récépissé de l'Emprunt forcé de l'an IV, commune de
Paris.
Deux coupons de boulangers qui s'engagent à livrer du
pain l'un gratis, l'autre au quart du prix fixé, an IV.

40. — La citoyenne **Robespierre,** sœur de Robespierre, demeurant chez son frère, alors député à la Convention,
rue Saint-Honoré, envoie des papiers pour des chirur-
giens à l'armée du Var, au citoyen Brulé, agent du
corps exécutif à l'armée d'Italie, 24 nivôse.
Le citoyen Hubert envoie 51 cartes pour la fête de l'Être
suprême, datée du 15 prairial, an II.

Deux pièces.

2

41. — Trois numéros du journal **Le Père Duchêne** d'Hébert
Deux avec la figurine numérotés 330 et 331, et un sans,
réimprimé à Metz.

42. — **Liste des personnes massacrées** dans le jardin des
Carmes, rue de Vaugirard, et au séminaire Saint-
Firmin; les 2 et 3 septembre; — et **liste des personnes
échappées** aux deux massacres.

Liste des régicides qui ont voté à la Convention nationale pour le meurtre de Louis XVI, extrait du troisième
appel nominal pour le jugement du roi, séance du
16 janvier 1793.

43. — Le pater de 1792, prière républicaine, par Félix Nogaret.

44. — Dessins et calques de médailles de l'époque révolutionnaire
et autres :

Copie de la lettre de M. Denon au ministre de la
Guerre sur deux projets de médailles pour 1814.

Deux dessins au crayon des susdites médailles rap-
pelant l'une les drapeaux pris à la bataille de Hanau,
et l'autre l'abolition de l'Inquisition en Espagne.

Dessin colorié de la médaille du prix de la valeur sous
Louis XV.

Un autre du prix de la vertu, avec ruban différent
pour les nègres et pour les mulâtres.

Désignation des 183 médailles des campagnes sous
Napoléon Ier.

45. — Calendrier de la République française pour la deuxième
année.

46. — Quatre vignettes sur parchemin et papier ; têtes de brevet
Bonaparte premier consul.

47. — Autographe de **Mirabeau** au sujet d'une chanson et de
stances funèbres exécutées sous la dictée de son ami
Cerutti, auteur de la *Feuille villageoise*.

L'amitié, le plaisir et l'amour nous fait naître.

. . . .

. . . .

Je suis doux au larcin fait par la volupté.

Autographe signé.

48. — Lettre du ministre d'État, préfet de police, au commissaire
de police du quartier des Lombards l'informant qu'il a
fait visiter le local de la **Tour Saint-Jacques-la-
Boucherie** servant à l'exploitation d'une fabrique de
plomb de chasse dans lequel un incendie s'est manifesté
le 4 décembre 1819... etc.

> *Lettre signée et signifiée par ledit commissaire le 14 décembre 1819.*

49. — Trois invitations :
Une pour la soirée du 1er mai 1847 au palais des Tuileries.
Une pour les obsèques de M. **Thiers**, 8 septembre 1877.
Une pour les obsèques nationales de **Carnot,** 1er juillet 1894.

50. — **Ordre aux municipalités de Paris de faire sonner le tocsin** sans interruption dans toutes les églises,
signé **Henri Brisson,** *secrétaire général du Comité de
salut public, sur papier lettre à en-tête de* **Commune
de Paris.** *Comité de salut public. Paris, 23 mai 1871.
Cachets encre rouge.*

51. — Curieux dessins enluminés réunis en une brochure. Époque
consulaire.

52. — Plan de Paris en relief, chromolithographie 1842, double
in-fol. sur toile.

> *Rare spécimen d'une des nombreuses ressources variées de
la lithographie.*

53. — Carte ronde, rose, de **secrétaire-commis de l'Assemblée nationale.** Plusieurs signatures.

54. — Carte rectangulaire, blanche, bordure tricolore. La Nation,
la Loi, le Roi. Chifone, 1792, 1re Division, No 58,
Santerre.

55. — Carte d'électeur pour l'Assemblée nationale, blanche bariolée tricolore, section des Gobelins.
Une autre vermillon, même section.

56. — **Carte ovale** *enluminée* de la **Société populaire des
gardes françaises,** an II. Signatures.

> *Qui d'avoir prêté sa carte sera convaincu
De la Société sera sur le champ exclu.*
> **Liberté, Égalité, Fraternité, Unité** *de la République ou la Mort.*

57. — Carte triangulaire avec figurine enluminée. Droit d'entrée au port de Toulon.

58. — Carte ronde, œil enluminé sur fond blanc.
Il se fronce devant la tyrannie. — Surveillance.
Passe de surveillant de l'autorité de la République 1793. Signature.

59. — Carte blanche rectangulaire, assemblée électorale, Calvados, an VII.

60. — Plusieurs cartes à emblèmes révolutionnaires polychromes.

61. — Carte à transformation. Trophée, fleurs, dessins polychromes. Bon pour vingt-cinq baisers, an Ier de la liberté. Constitution des dames.

62. — Carte à transformations, fleurs, personnages, sujets divers enluminés. La Couronne de l'Amour et de l'Hymen.

Soyez sage, soyez modeste,
Vous trouverez.....

63. — Une autre. — Femme Empire articulée.

Je vous ouvre mon cœur, voyez-y.....

64. — Carte de passage d'une personne à pied sur le pont Saint-Clair, 1792.

65. — Carte d'entrée au théâtre du Palais-Royal. — Révolution.

65 *bis*. **Congé enluminé**. Garde nationale bordelaise du 26 germinal an II.

66. — Extrait des registres du Directoire au sujet des biens de Flahaut exécuté à Boulogne-sur-Mer, 7 pluviôse an II.

67. — Lettre de l'agence de l'atelier monétaire à la commission des revenus nationaux pour les diamants, l'argenterie, etc., comprenant un troisième million prevenant des émigrés et condamnés à mort.

68. — Deux panneaux papier de tenture, à emblèmes révolution naires, de l'époque, $0^m,45 \times 1^m,40$.

69. — Deux congés d'infanterie, 1764 et 1791.

70. — Curieux manuscrit sur papier. Chirographia, Christiani Theophili Wismeyeri, Ratisp, agentis annum nonum, discipuli class. primæ ord. sup. per semestre scripta et exhibita in Examine Vernalis A. O. R. MDCLIII (inachevé).

Nombreuses miniatures enluminées, lettres ornées, pages bordurées rehauts d'or.

71. — Au nom de la République Française sont prévenus les particuliers *(autres que les Nobles, les Évêques, les Chapitres, les Abbayes et les Communautés)* qui ont amené dans les magasins des grains et farines qu'ils en recevront le montant sur le pied de ce que valaient ces denrées en 1790 et 1791. Le commissaire de guerre, Thomas,

72. — **Passeport** pour voyage dans l'intérieur de la République délivré au citoyen Bacquemann **prisonnier de guerre** échangé, etc. *Mairie de Bourges, 3e jour complémentaire an VI. Cachets, signatures.*

73. — **Congé définitif** du **Corps des Zouaves. Royaume de France,** 25 avril 1839.

Place d'Alger, cachets, signatures.

74. — Le ministre des Finances nomme le citoyen Révillon contrôleur des contributions directes, à Troyes.

Pièce datée du 6 frimaire an VIII, plusieurs signatures.

75. — Lettre du préfet du département de Sambre-et-Meuse au citoyen ministre des Finances relative à l'arrêté des consuls du 27 frimaire an IX.

76. — Copie du temps d'une lettre adressée par le général **Masséna** au ministre de la Guerre, 8 brumaire an X.

77. — Armée des Ardennes. — Deux procès-verbaux du commissaire des guerres pour remise au magasin de fourrages de plusieurs voitures provenant des contributions faites sur le pays des esclaves.

10 ventôse an II, signe Genet.

78. — État de services du matelot Martin, dressé par le commissaire de marine chargé des classes. Marseille, 10 janvier 1819.

79. — Congé définitif du royaume de France, département du
Bas-Rhin, fait à Hambourg le 18 décembre 1817.

80. — Congé de réforme délivré à Bonin, 2e bataillon, 6e compagnie de chasseurs des montagnes. Perpignan, le
4 janvier 1813.

81. — Ordre de marche imposé aux généraux **Lefebvre**, Vernier, Louhans, Saint-Cyr, d'Hautpoul, par **Jourdan**,
général en chef commandant les armées d'observation
d'Helvétie et du Danube, fait au quartier général, à
Doueschingen, le 22 ventôse an VII.

> *Le général Jourdan charge les généraux de division de
> faire marcher leurs colonnes avec toutes les précautions
> militaires ; que rien ne soit enlevé de vive force chez les habi-
> tants, mais que ce qui est nécessaire aux troupes soit requis
> régulièrement... les officiers désigneront les bois qui doivent
> être coupés pour les bivouacs et les troupes iront en ordre
> pour le couper et le transporter... Dans le cas où les
> troupes autrichiennes faisant partie de l'armée de l'Empire
> occuperaient quelques-uns des postes que l'armée française
> doit prendre, ou si ces troupes étaient trop rapprochées des
> postes de l'armée, les généraux feraient prévenir les com-
> mandants autrichiens de se retirer, et en cas de refus formel,
> les y forceraient par les armes.*
>
> *Cinq pages sur papier à en-tête de l'état-major général,
> armée du Danube, signé Jourdan.*

82. — Ordre de marche et d'attaque imposé aux généraux **Lefebvre, Saint-Cyr**, Vandamme, Lenin, d'Hautpoul,
Souham, par **Jourdan**, général en chef.

> *Fait au quartier général à Pfullendorf, le 29 ventôse an VII,
> armée du Danube, signé Jourdan.*

83. — Ordre de marche, d'attaque et de défense imposé aux généraux Lefebvre, Souhann, Saint-Cyr, par **Jourdan**,
général en chef.

> *Fait au quartier général, Cugen, le 25 ventôse an VII,
> signé Jourdan, armée du Danube.*

84. — Lettre du citoyen **Vaillant,** commissaire ordonnateur à
Cassel, à l'adjudant général Ernould, l'informant qu'il
est urgent de conférer ensemble sur-le-champ et de
tenir prêts deux bons chevaux de voiture.

> *Lettre signée Ernould, datée de Bergues, le 14 août an II.*

85 — Lettre du maréchal **duc de Bellune** à M. le lieutenant général comte de La Houssaye, inspecteur général de gendarmerie, l'entretenant confidentiellement de la partie politique du Corps.

Sur papier en-tête du Ministère de la Guerre. Paris, le 6 août 1823, signée de Bellune, maréchal, ministre secrétaire d'État de la Guerre.

86. — Feuille de route d'un conscrit de la classe de 1811, nommé Callet, demeurant rue des Coutures-Saint-Gervais, n° 5.

87. — Autorisation au sieur Deshayes d'établir une fonderie de plomb de chasse dans la **Tour de Sainte-Geneviève**. 22 juillet 1816.

88 — Papier de Gaspard Thierry, chef de brigade de cavalerie.

Liberté, Égalité. En-tête représentant une main sortant d'un nuage, tenant un sabre d'honneur sur la lame duquel est écrit : Le 1er Consul au colonel Gd Thierry. 19 brumaire, journée de Saint-Cloud.

89. — Le colonel **Lebrun,** aide de camp du premier consul, transmettant au général La Houssaye les sentiments de reconnaissance et d'attachement que lui ont voués les officiers du 3e régiment de hussards, etc.

Le Havre, 25 ventôse, autographe signé Lebrun.

90. — **Moulin,** général de division, au citoyen ministre de la Guerre, lui accusant réception d'un procès-verbal de plainte contre un détachement du 10e régiment de hussards stationné à Corbeil, etc.

Au quartier général à Paris, le 21 ventôse an VI. Vignette remarquable. Pièce signée Moulin.

91 — Congé définitif donné au citoyen Lavit, natif de Paris.

Paris, le 3 messidor an VIII, signé du général Ed. Mortier. Pièce intéressante.

92. — Le général baron de Pommereul, conseiller d'État, directeur général de l'imprimerie et de la librairie, informant M. Gonnin qu'il peut se présenter pour recevoir le mandat d'indemnité représentant le prix estimatif de ses presses.

Paris, 1er avril 1812. Cachets.

93. — Lettre du maréchal **D. de Feltre** à M. Nardon, chirur-
gien-major, rue de Crussol, 9, chez Mme Montigny,
l'informant qu'il lui est impossible de lui octroyer une
lieutenance d'infanterie.

*Lettre datée de Paris, le 3 septembre 1817. Ministère de
la Guerre.*

94. — Le grand chancelier de la Légion d'honneur, à Son Exc.
M. le général de division Clarke, grand officier de
l'Ordre, ministre de la Guerre, grand-croix de l'ordre
de Saint-Hubert, etc., lui adressant la lettre d'autorisation qu'elle avait désirée pour M. Shée, son aide de
camp, etc.

Lettre datée du 7 février 1808, signée **Lacépède.**

95. — L'adjoint de la 4e division aux citoyens commissaires des
guerres. Circulaire tendant à réprimer la mauvaise
gestion de ces derniers, etc.

*Département de la Seine. Liberté, égalité, fraternité ou la
mort, vignette représentant un curieux bonnet phrygien,
n° 26. Pro duplicata, Paris, le 15 frimaire an II, Prosper
Sijal.*

96. — Lettre autographe de **Victor Hugo**, signée, non datée.

*Cet homme n'est pas un homme, c'est une femme. Je vous
demande sa grâce et je vous serre la main par-dessus l'O-
céan. La France et l'Amérique sont sœurs. L'aînée tend ses
bras vers sa cadette. Victor Hugo.*

97. — Section des Tuileries. Certificat d'indigence émanant du
Comité de bienfaisance, 25 pluviôse an III.

Nombreuses signatures et cachets.

98. — La Commission de l'organisation et du mouvement des
armées de terre, informe le citoyen Maiguien que le
Comité de salut public ne l'avait pas compris dans son
nouveau choix, etc.

Vignettes. Pièce datée de Paris 25 prairial an III, signée
Pille.

99. — Extrait de la feuille du prince de Schwartzenberg, Berlin,
5 avril, **de Marmont, duc de Raguse**, et réponse
de **Marmont** à **Collincourt**; dissentiments existant
entre **Bonaparte** et Marmont, etc.

100. — Ville de Paris. Paroisse de Saint-Laurent. Extrait du registre des actes de naissance de l'an 1791, relevé le 28 avril 1809.

101. — **Bonnard**, général de division, au citoyen ministre de la Guerre, lui accusant réception de circulaires, etc. Au quartier général à Bruxelles, le 25 ventôse an VI. Vignette.

102. — Affiche. Au nom des hautes puissances alliées. Arrêté du gouverneur général baron d'Andlaw, fait à Vesoul, en l'hôtel du gouvernement général, le 14 février 1814.

103. — Bulletin-affiche de l'armée, quartier général de Troyes, 8 février 1815.

104. — Lettre de recommandation du général **Forey**, en faveur du sieur Glize. Paris, 12 août 1850.

105. — Passeport de la commune de Paris. 14 avril 1871.

106. — **Deux** laissez-passer pour la fête de la Constitution. Ministère de la Marine, 11 novembre 1848 et 1849.

107. — Le citoyen Biourge demande au citoyen Boncourt, commissaire-ordonnateur, l'envoi de dix à quinze cavaliers, les conducteurs de chariots destinés à l'armée de Sambre-et-Meuse, ayant déclaré ne partir que contraints par la force. 6 fructidor au II.

108. — Dix réquisitions du commissaire-ordonnateur de l'armée du Nord, délivrés à Cassel les 21, 22 août, 4, 10 et 12 septembre 1799.

109. — **Avis à la belle jeunesse.** Cinquième régiment de chasseurs. Affiche d'enrôlement illustrée polychrome. Époque Louis XV.

Les jeunes gens qui désirent servir le Roi ne peuvent trouver dans aucun corps l'avantage qu'ils rencontrent dans les troupes légères : une haute paie de six deniers, un service aussi doux qu'agréable, et une subordination qui s'accorde parfaitement avec la légèreté des armes, etc.

S'adresser à M. Moncey, capitaine en campagne à Moncey ; au sieur Lambelin, sous-officier à Valleroy-le-Bois ; au sieur Convency, sous-officier à Montbozon ; au sieur Jacquot, chasseur audit régiment à Vesoul.

Ceux qui procureront de beaux hommes seront généreusement récompensés.

110. — Reconnaissance de déclaration pour la contribution patriotique. Déclaration faite par M. **Vaillant**, premier secrétaire-commis des rapports de l'Assemblée nationale de recontribution patriotique des 450 livres. Premier Département, rue Saint-Honoré, hôtel d'Auvergne. Paris, 22 mai 1790. Signé : **Cholet**.

111. — Extrait du procès-verbal de l'Assemblée nationale du jeudy 1er décembre 1791, portant nomination de six secrétaires-commis du comité des pétitions, parmi lesquels figure **Vaillant**. Signé : **Fauchet** et **Huriot**, Paris, le 3 décembre 1791.

112. — Intéressante lettre adressée à **Vaillant** par un de ses amis, l'informant des démarches qu'il a faites pour lui faire obtenir la place d'ordonnateur, se terminant par : Le Républicain Molandre, du 13 janvier 1793 an II.

113. — L'adjoint à la quatrième division, au citoyen **Vaillant**, commissaire-ordonnateur en chef de l'armée des Ardennes, l'informant que le ministre approuve sa conduite et blâme celle de Lambert. Paris, 10e jour de la 3e décade du 4e mois de l'an II.

114. — **Lambert**, au citoyen **Vaillant**, l'invitant, avant la réponse du ministre, à venir recevoir les papiers des commissariats. Mouzon, 27 nivôse, an II. Signé : Lambert.

115. — Le général de division **Omoran** aux représentants de la Nation **Carnot** et **Duquesnoy**. Demande d'argent pour fournitures faites à la construction des affûts. Pièce signée Omoran. Au bas, **six lignes autographes de L. Carnot**, approuvant le crédit. Signée : **Carnot** et **Duquesnoy**. Cassel, le 2 juin 1793, an II.

116. — **Vaillant**, commissaire des guerres et commissaire-ordonnateur en chef de l'armée, réquisitionne 600 bœufs, 600 moutons, 150 chevaux de trait, 12.000 boisseaux d'avoine, 12.000 rations de foin à 20 livres chacune, faute de quoi il sera pris des otages, etc. Furnes, le 31 mai 1793 an II. Signé : Vaillant.

117. — Le même jour, **Vaillant** dresse inventaire des caisses de la Ville en présence des bourgmestre et magistrats de Furnes, lesquels, avec Vaillant, ont signé ce procès-verbal original.

118. — **Vaillant** informe le citoyen Gillard, inspecteur des fourrages, d'un passage de troupes. Cassel, 5 septembre 1793 an II. Signé : Vaillant.

119. — Lettre autographe de **Vaillant** aux citoyens maire et officiers municipaux de Wormouth. Ugine, l'unité! l'indivisibilité de la République ou la mort. Vaillant.

120. — **Tharreau** Ordre général du 28 au 29 nivôse recommandant à tous les chefs de corps, de ne laisser aucuns soldats malades dans les chambres, tentes ou baracques, etc..., annonçant que le citoyen Lambert a été suspendu par le Conseil exécutif, et remplacé par le citoyen **Vaillant**, autographe signé.

> **Tharreau, J. V.** *général français, né vers 1770, enrôlé volontaire en 1792, il était deux ans plus tard général de brigade, fut tué à la Moskowa, 1812.*

121. — **Augereau**, général en chef de l'armée d'Allemagne, ordonne de laisser passer librement le citoyen **Vaillant** se rendant à Wetzlar, avec ses cinq secrétaires.

> *Bell^e pièce à en-tête gravé. Cachets cire notamment celui d'Augereau, conservation parfaite, signé Augereau, Offembourg, 11 frimaire an VI.*

122. — Le ministre de la Guerre au citoyen **Vaillant**, l'invitant à se rendre chez le commissaire **Lefevre** et à se concerter avec ses collègues pour y énoncer leur opinion sur le civisme, la moralité et les talents des commissaires des guerres, etc... Paris, le 1er fructidor an VI. Pièce signée.

123. — **Vaillant**, armée du Danube, à l'agent en chef des services des subsistances militaires. Withisgen, an VII. Minute.

124. — Procès-verbal d'experts, établissant que la signature de Vaillant avait été faussée, que des timbres lui avaient été soustraits, etc... Mayence, 24 pluviôse, 10 heures du matin, an VIII.

125. — Le ministre de la Guerre au citoyen **Vaillant**, lui demandant comme complément au jugement rendu contre les faussaires Pothier et Boissenel, des renseignements sur ceux qui, etc..., pour prendre à leur égard les mesures convenables.

Paris, 5 Messidor an VIII, signé **Carnot**. *Jolie pièce vignette avec l'adresse sur la double feuille, cachets, etc.*

126. — **Passeport délivré au citoyen Vaillant**, commissaire-ordonnateur à l'armée du Rhin, se rendant au quartier général de la dite armée.

Paris, 23 Messidor an VIII. Belles vignettes. **Signé Morize, Vaillant** *et* **Carnot, ministre de la Guerre.**

127. — **Vingt-trois bons de communes.** *Époque révolutionnaire. Avignon, un sol. Villeneuve-les-Avignon, six deniers. Bagnols, deux sous. Beaumont, deux sols, trois sols, cinq sols. Raulhac, deux sols. Clamecy, deux sols, 6 deniers. Marcenat, deux sols 6 deniers. Sauveterié, cinq sous. Caisse patriotique de Saint-Affrique, cinq sols. Roanne, dix sols. Saint-Flour-de-Merc, dix sous. Lherm, dix sols. Saint-Jean-la-Fouillouse, quinze sous, trente sous. quarante sous, cinquante sous. La Ferté (bleu), vingt-cinq sous. Saint-Flour-de-Merc, trente sous. Association de Chapellerie de Lyon, trois livres. Lyon, cinq livres. Orléans (rose), vingt-cinq francs.*

128. — **Quatre bons** sur parchemin payables en billets patriotiques, par le Comité de commission, **rue des Bons-Enfants, 24**, à Paris, *de six, sept, huit et neuf sols.* Époque révolutionnaire.

129. — Cinq mandats territoriaux de cinq, dix, vingt-cinq, cent, deux cent cinquante et cinq cents francs. Époque révolutionnaire.

130. — Billet (rose) de la Banque territoriale de cinq cents francs espèces, valeur reçue en immeubles estimés à quatre cent trente-quatre mille francs. Paris, époque révolutionnaire.

131. — Lot d'assignats, comprenant : cinq de dix sous, deux de quinze sols, deux de vingt-cinq sols, quatre de cinquante sols, trois de cinq livres, deux de dix livres,

deux de vingt-cinq livres, deux de cinquante livres, cinq de cent francs, un de cent vingt-cinq livres, deux de quatre cents livres, un de cinq cents livres, et un de mille francs.

Plus un mandat territorial de cinq francs, et un de vingt-cinq francs.

132. — **Collection d'assignats**, dix sols, quinze sols, vingt-cinq sols, cinquante sols, cinq livres 2 genres, dix livres 2 genres, vingt-cinq livres 2 genres, cinquante livres 2 genres, soixante livres, quatre vingt-dix livres faux, cent francs, cent livres faux, cent vingt-cinq livres, deux cents livres, faux et vrai, deux cent cinquante livres, quatre cents livres, cinq cents livres 2 genres, cinq cents livres, mille francs, deux mille francs, dix mille francs. Plus rébus républicain sur les assignats.

Tableau de la valeur des assignats, depuis 1791, jusqu'au 30 ventôse an IV.

133. — Extrait des registres des délibérations de l'Assemblée générale de la **Section du Luxembourg** invitant à condamner à mort, sans délai, **Louis Capet**.

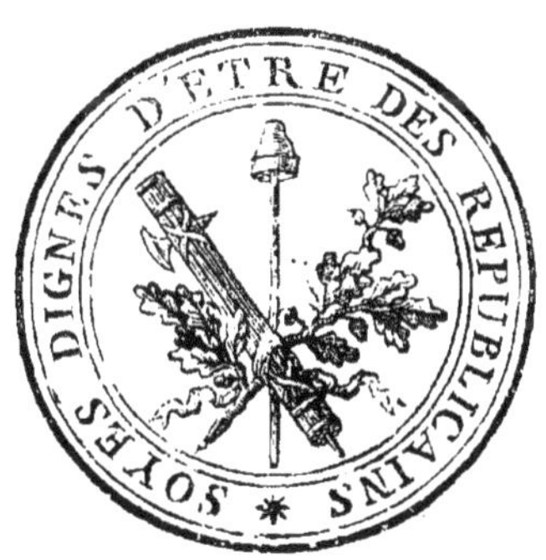

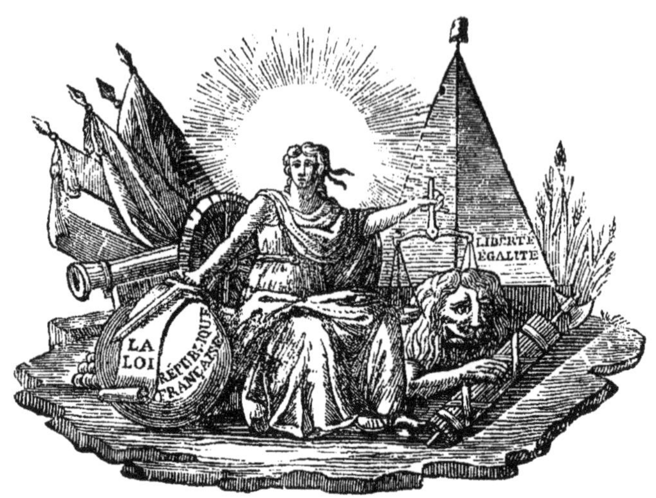

LIVRES

134. — Révolution française, table alphabétique du *Moniteur* de
1787 jusqu'à l'an VIII (1799), tome III. (Sera vendu
avec le n° 317.)

> *Paris, chez Girardin, éditeur-propriétaire, 1802.*
> *Page 35, figure une annotation relative à la dernière pierre*
> *de la Bastille, offerte à l'Assemblée, que nous vendons*
> *sous le numéro 317.*

135. — Du tribunal révolutionnaire, par J.-B. Sirey.

> *Brochure. Paris, imprimerie de Du Pont, an III.*

136. — A la liberté. **Les Imitateurs de Charles IX** ou les
Conspirateurs foudroyés. Drame où **le roi, la reine,
la duchesse de Polignac, le comte d'Artois**
jouent les principaux rôles.

Brochure libre traitant alternativement de la politique
et des rapports intimes ayant existé entre la reine, la
duchesse de Polignac et le comte d'Artois.

Trois gravures :

La reine et Mme de Polignac.

> *Je ne respire plus que pour toi…un baiser, mon bel ange.*
>> (Acte Ier, scène i.)

Entrée du comte d'Artois.

> *Eh quoi! princes, vous êtes tranquilles…*
>> (Acte Ier, scène iv.)

Le marquis de Flesselles poussé à un réverbère pour y
être pendu.

Point de grâce, au gibet, etc...

(Acte III, scène xv.)

Cette curieuse brochure est incomplète et s'arrête page 80
scène XIII, acte III.

137. — Extrait des séances de la société réunie chez le citoyen
Meynard les 23 et 26 du 4ᵉ mois de l'an II de la République, à Constantinople.

138. — Tableaux de l'histoire de la décadence de la monarchie
française. Paris, chez Duprat, an 1803.

139. — Histoire chronologique de la Révolution française, sujets
dessinés par Raffet.
Paris, chez Perrotin, 1834.

140. — **Liste** par ordre alphabétique des noms **des citoyens
députés à la Convention nationale avec leur
demeure** et le numéro de leur département. Paris
chez la citoyenne Toubin, an II.

141. — Municipalité de Paris. Procès-verbaux relatifs à la nomination
de MM. les députés de la garde nationale parisienne à la
Fédération générale des gardes nationales et des troupes
de ligne du royaume qui aura lieu à Paris le 14 juillet
en 1790.

142. — Causes secrètes de la Révolution du 9 au 10 thermidor,
par Vilate, ex-juré au tribunal révolutionnaire de
Paris, détenu à la Force. Paris, an III.

143. — **Collection complète des listes,** très exactes, **de
tous ceux qui ont été condamnés à mort** par le
tribunal révolutionnaire étant à Paris depuis le com-
mencement de la Révolution jusqu'à la suppression du
tribunal, contenant leurs noms, prénoms, âges, quali-
tés et demeures, lieu de leur naissance et de leur département : indique également la cause de leur con-
damnation et la place de leur exécution.

*Les onze listes réunies en un volume cartonné, à Paris,
chez Channaud, an III.*

144. — Fac-similé du testament de Louis XVI et de Marie-Antoi-
nette. Paris, 1816, avec supplément.

145. — **Description historique de Paris** et de ses plus beaux monuments, gravés en taille-douce par G.-N. Martinet. 3 volumes.

A Paris, chez les auteurs, 1779.

146. — Cantate en l'honneur des vainqueurs de la Bastille, par l'un des coopérants à sa prise. Paris, 1834.

147. — Livres non catalogués.

148. — Décret de l'Assemblée nationale, du 16 août 1792, an IV, qui ordonne que les pièces trouvées dans le cabinet du roi et autres endroits seront envoyées aux armées par des courriers extraordinaires. Suit l'indication des pièces trouvées.

149. — **Manuscrit en cinq encres**, lettres ornées, pages bordurées, nombreux dessins, culs-de-lampe, etc. **Livre de prières ayant appartenu**, dit une inscription intérieure, à Mme **Élisabeth de France**, et donné à l'un de ses gardiens, au Temple, à Paris.

150. — Histoire de la Bastille, par Arnould, Alborzé et Maquet, suivie du Donjon de Vincennes. 8 volumes. Paris, 1844.

151. — **Almanach des Prisons** avec anecdotes sur le régime intérieur de la Conciergerie, du Luxembourg et sur différents prisonniers qui ont habité ces maisons, sous la tyrannie de Robespierre, avec les chansons et couplets qui y ont été faits.

A Paris, chez Michel, an III, 1 volume.

152. — **Tableau des Prisons de Paris** sous le règne de Robespierre, pour faire suite à l'Almanach des Prisons, contenant différentes anecdotes sur plusieurs prisonniers, avec les couplets, pièces de vers, lettres et testaments qu'ils ont faits. A Paris, chez Michel, suivi du catéchisme militaire avec gravures :

De la constitution de la République de l'an III. Ancelle, Évreux, an VI ;

De la Loi naturelle ou catéchisme du citoyen français. A Paris, chez Sallier, 1795 ;

De « Les Jésuites démasqués ». A Cologne. 1759 ;

De « Tableau des vrais et des faux assignats », suivi du calendrier contenant les 24 heures anciennes avec les nouvelles décimales ;

Du Règlement pour l'ordre intérieur de l'Assemblée
générale des représentants de la Commune.
Des Prédictions des événements les plus remarquables
à l'Empire français, dans le cours de l'année 1792.
Le tout en un volume.

153. — Précis historiques de la vie, des crimes et du supplice de
Robespierre, par le citoyen Desessart. A Paris, chez les
marchands de nouveautés, an V (1797 V. N.).

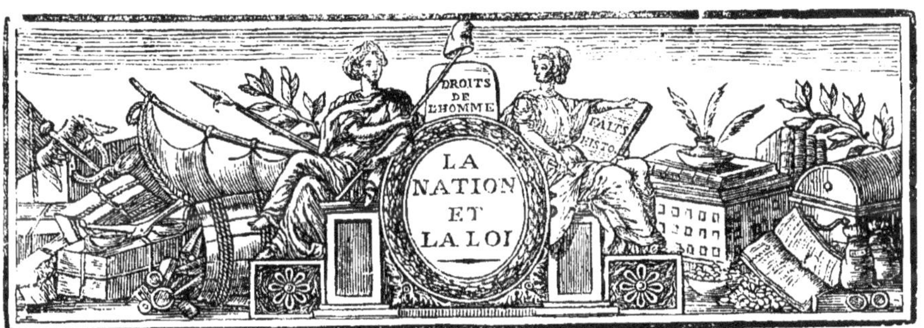

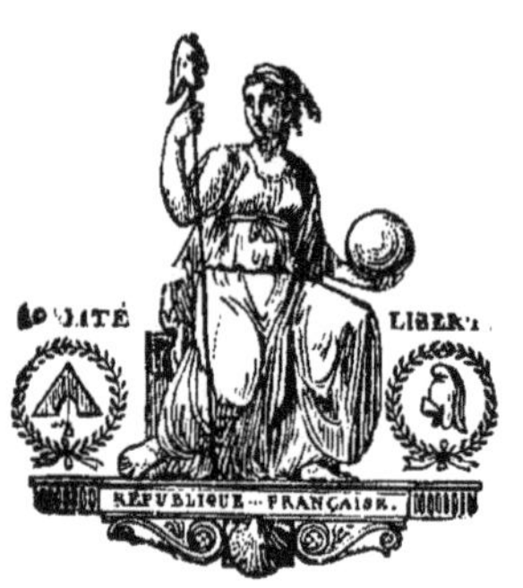

DÉCORATIONS
ET INSIGNES OFFICIELS CIVILS ET MILITAIRES
NUMISMATIQUE

154. — Cadre renfermant **22 Émaux de décoration** : *République française, 2 genres; Juge criminel; Juge de district; Commissaire ordonnateur; Commissaire national; Commissaire du Gouvernement; Accusateur public; Officier ministériel; Commissaire civil; Commissaire national; Police militaire; Accusateur militaire; Officier de police militaire, 2 genres; Commissaire des guerres; Agent national; Justice militaire; Juge de paix militaire; Greffier du tribunal militaire; la Loi et le R. P. B. Q. F. C. S. E., plus cinq médailles* de la numismatique révolutionnaire.

155. — Carte médaille polychrome, sous verre, double face; au centre un faisceau de licteur enroulé d'un serpent surmonté du coq gaulois. **Comité civil Letellier, section de Marat**, le 1er brumaire an II; au revers, la République, accotée à un faisceau, tenant en main les balances et un niveau, foule aux pieds des chaînes brisées. L'Union sauvera la République, Égalité, Fraternité.

156. — **Carte** médaillon à double face du citoyen Le Page, **représentant du peuple**, signatures. Sous verre. (Voir Dayot, p. 174).

157. — Une autre, forme cocarde, sous verre. Électeur pour la Convention nationale, département de Paris, l'an IV de la liberté, Ier de l'égalité, 1792; au revers, n° 774, par le citoyen Himont, signatures, 1792.

158. — Carte gravure noire. République française. **Canton de Paris, municipalité du IIIe arrondissement.** Au rev., signatures et gravure de l'an VI.

159. — Une autre de la **Société des Défenseurs des droits de l'homme.** La république ou la mort. Liberté, Égalité, Fraternité. Au rev., Société des Défenseurs des droits de l'homme, séant au **faubourg Antoine.** Surveillance, courage et fermeté. Mort aux tyrans! N° 180. Signatures. (V. Dayot, p. 219.)

160. — **Plaque** médaille **gravée par Louet en 1792** acier or et argent ! Liberté française, conquise le 14e jour de juillet 1789.

161. — **Médaille frappée** à l'époque de la suppression des cloches à Lyon, avec le métal desdites, fut distribuée à tous les membres du *Club des Barnabites.* 1791. (V. Dayot, p. 91.)

162. — Médaille argentée à trois médaillons. Les 3 martyrs de la liberté. Époque révolutionnaire.

163. — Insigne d'un membre de la Convention nationale. Bronze doré, centre émail bleu. Au rev., La Loi. Époque révolutionnaire.

164. — Une autre. la Loi. Même revers.

165. — Une autre, bronze doré. République française. Au rev., Action de La Loi. Tribunal d'appel; avec la chaîne métal. Époque révolutionnaire.

166. — Une autre, commissaire du Directoire exécutif. Au rev., respect à la loi, avec le ruban tricolore. Époque révolutionnaire.

167. — Insigne avec ruban **ayant appartenu** à **Hébert,** dit le Père Duchêne. Les tables de la Constitution, émail blanc, avec un soleil or. On voit au dos de la médaille trace de la gravure de son nom.

168. — Médaillon ovale, émail bleu, ciselé et entouré de rubis émail, le bonnet phrygien surmontant la devise : La Loi et La Paix en argent. Époque Révolutionnaire.

169. — Un autre bronze doré et ciselé, entouré d'une couronne chêne et laurier, chiffre 4 en haut et en bas. Sur le fond, les initiales S. L. gardant une épée or et **argent,** coiffée du bonnet phrygien, émail rouge, accompagnée

de deux fleurs de lys or, devise argent. Vivre libre, le tout sur émail bleu. Époque fin Louis XVI.

170. — Médaille bronze doré de Représentant du Peuple, Conseil des Anciens. Époque an VI.

171. — Médaille bronze doré et ciselé. La nation, la loy (le roi est effacé), sceptre et main de justice, 1789, le tout entouré d'une couronne de chêne, l'œil dominant l'ensemble. Au rev., district de Château-Thierry. Force à la Loy. Époque révolutionnaire.

172. — **Insigne triangulaire** en bronze doré et ciselé. **Conservation des Effets nationaux,** le 10 août, an I de la République française de l'époque.

173. — Médaille ovale bronze doré. Action de la Loi. Tribunal de première instance. Révolutionnaire.

174. — Une autre ronde. Allégorie du pacte fédératif de la Nation armée pour la Liberté et la Constitution. Paris, 14 juillet 1790.

175. — **Décoration brodée d'un chef vendéen** et un assignat de 5 livres plié de manière à servir de signe de reconnaissance. (V. Dayot, p. 285.)

176. — Pièce, Dixain, métal de cloche, 17.91.

177. — Ruban et décoration de trésorier. Révolution.

178. — Médaille ovale, bronze doré. Respect à la Loi.

179. — Une autre. Action de la Loi. Tribunal de première instance.

180. — Une autre ronde. Serment fédérat. Patriotes français, 14 juillet 1790. Au rev., Nous jurons etc....

181. — Une autre ovale. Loi, Justice, Union, force d'un peuple libre. Action de la loi.

182. — Deux médailles. Confédération des Français.

183. — Deux décorations triangulaires et un losange en argent. Liberté civique, 14 juillet 1790.

184. — Jeton. **Service intérieur du Premier Consul.**

185. — Pièce, dixième d'argent fin, 18 D., an IV. Au rev., Caisse métallique établie à Paris en échange d'assignats de 50 livres, 1792.

186. — Pièce d'essai 1792. Registre de la loi. Au Génie.

187. — Médaille de Galle, frappée au moment de la **mort de Mirabeau.** Au rev., métal de cloche frappé l'an I de la République française, par les artistes réunis de Lyon.

188. — Médaille. Gerbe de blé. La Liberté l'accroît.

189. — Tête. Le Coq gaulois monté sur un faisceau de licteur tient en ses pattes une hampe surmontée du bonnet phrygien. Réduction.

190. — Médaille bronze doré. La Nation, le Roi et la Loi. Je le jure. Au rev., bonnet phrygien. Confédération des départements du Nord, du Pas-de-Calais et de la Somme à Lille, le 6 juin 1790.

191. — Médaille ovale argentée, figurine, au revers, respect à la Loi, Révolution.

192. — Une autre, Convention nationale, Liberté, Service des comités, au revers, République Française, Égalité, Service des comités, Révolution.

193. — Une autre, ronde, bronze doré, Tribunal de première instance, Empire.

194. — Une autre, République Française, Loterie nationale, B. 92. Révolution.

195. — Une autre, octogonale en argent, Gisors architecte du **Conseil des cinq cents,** première République.

196. — Une autre, ovale, bronze doré, parti fédératif, 14 juillet 1790; au revers, Nous jurons, etc. Révolution.

197. — Une autre, métal argenté, l'œil de la Vigilance, République Française ; au revers, magistère de sûreté, tribunal de première instance, département de la Seine an VIII.

198. — Médaille plomb, figurine, **Le père Duchêne foutre bon patriote,** au revers; Vivre, libre ou mourir. (Voir Dayot, p. 256.)

199. — Une autre, Marie-Anne-Charlotte Corday, époque révolution.

200. — Une autre, l'exécution de Louis XVI. Révolution.

201. — Médaille, démolition de la Bastille : Je rends le dernier
soupir; au revers. Du sein de ma mère je fus élevé dans
les airs ; la liberté me réduit en poussière, 1790.

202. — Médaille ovale, métal argenté, les Tables de la loi, Pacte
fédératif, le 14 juillet 1790, au revers, vignette enluminée, la République Française.

203. — Almanach, médaille bronze doré, pour l'année 1779.

204. — Médaille cuivre, **Buonaparte**, général en chef de la brave
armée d'Italie; au revers : Voilà, soldats valeureux, le
fruit de mes travaux, 1796.

205. — Une autre, Louis **Buonaparte**; au revers : Le fruit de ses
actions, 1796.

206. — Médaillon, plaque de hausse-col. Révolution.

207. — Décoration de vétéran (sera vendue avec le n° 35).

208. — Médaille ovale, polychrome. Réveil du peuple, 1830.

209. — Six médailles : Monneron Hercule, cinq sols; Monneron
le Serment, cinq sols ; La régénération française, 5 déci-
mes; Monneron, deux sols; Clemanson et C. N. Lyon,
an IV; Bonnefoy, 2 s. 6 d. 1791.

210. — Médaille bronze, Marat.

211. — Médaille satirique, relative à la guerre de la succession
d'Autriche.

212 à 216. — Cinq pièces or très bien conservés : Jean le Bon,
florins, écu, etc.

216. — Insigne révolutionnaire, Vivre, libre ou mourir, au centre
faisceau de licteurs, coiffé du bonnet phrygien surmontant une fleur de lys; au revers, la Loi, le Droit
1792, niveau. (V. Dayot, p. 169.).

217. — **Jolie médaille en argent** ciselé, dans la masse : In
memoriam, i. P. Koen, conditoris, Batav. A.
CIƆIƆCCCXCIII, diam. 0,094.

218. — Ceinture écharpe d'officier municipal, Révolution.

219. — Plaque argent rectangulaire à pans coupés, Hommage aux soutiens de la liberté naissante, présenté à la municipalité de Marseille en 1790, par l'auteur.

220. — Médailles non cataloguées.

221. — Décorations non cataloguées.

222. — Pièces de monnaie non cataloguées.

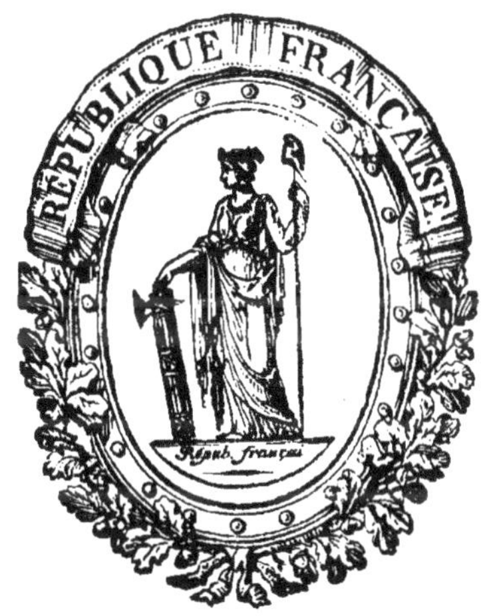

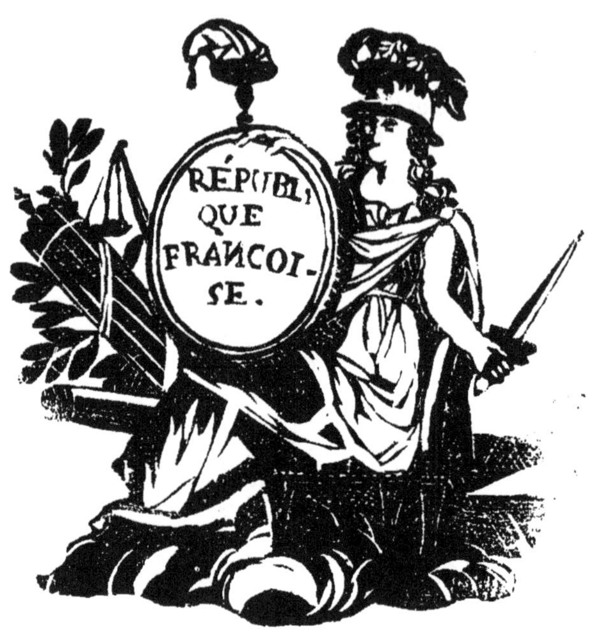

BOITES — DESSINS — GRAVURES — MINIATURES
ESTAMPES — TABLEAUX

223. — **Dessin satirique trouvé dans les papiers de Palloy.**

> *La reine Marie-Antoinette en jument; sur elle sont montés le roi et les ministres.* Attribué à **Moreau**.

224. — Dessin en couleur par **Palloy**.

> *Sur une bastille un faisceau de licteur coiffé du bonnet phrygien, sabre, briquet, massue et banderole tricolore, avec la devise Union, force, prudence et courage, etc.*

225. — Estampe couleur. La République une et indivisible.

226. — **Jolie gouache**. Nombreux personnages **Louis XVI** se promenant dans un parc, décor charmant, diamètre 10 centimètres.

227. — Charlotte Corday, gravure en couleur.

228. — Siège de la Bastille. Médaillon en corne refrappée.

229. — **Le citoyen Palloy déclarant son amour à sa femme future** : peinture sur bois, ovale; au dos se trouve collée la vignette préférée de Palloy, mentionnée au n° 16.

230. — **Siège de la Bastille**, médaille en plomb. **Au dos est collé le diplôme** signé **Palloy** et autres. Époque révolutionnaire.

231. — Une autre sans diplôme.

232. — **Boîte** cuivre à **double face** : Le Siège de la Bastille; l'Arrivée du roi à Paris. Sur le bord du couvercle on lit : *Hommage au grand citoyen Robespierre*.

233. — **Quatre médaillons** gravure polychrome :
Vue de la Bastille, prise de la gallerie en face du boulevard.
Vue de la Bastille du côté du jardin, on voit les deux portes.
Le despotisme abatue par Guyot.
Le Triomphe de la valeur française, par Guyot.

234. — La prise de la Bastille, médaillon en cartonnage découpé en relief, polychrome.

235. — Étui corne et cuir avec peinture représentant le siège de la Bastille.

236. — **La Mort de Robespierre.** Gravure allégorique représentant son exécution et vers la célébrant, caractères, figurines allemandes. Époque révolutionnaire.

237. — **Le Pater républicain.** — Dessin enluminé par **Nogaret.** Époque révolutionnaire.

238. — **Le Buveur de sang, Allégorie sur la mise en liberté des modérés.** Juillet 1794. Gravure rare.

239. — Le Poire d'angoisse, toile. Sa première application sur un bourgeois du Marais.

240. — Cinq émaux divers, portraits, scènes champêtres, etc.

241. — Bonbonnière en buis ajouré, Louis XVI.

242. — **Miniatures non cataloguées.**

243. — Titre d'une pétition adressée au citoyen Barras.

Joli dessin enluminé, lettres ornées formées de figurines symboliques, exécuté par Mercier, invalide, 1re division, n° 14.

244. — Le Départ du conscrit en 1814.

Panneau en tissu de Lyon de la manufacture Matheron et Bouvart, frères. 0^m,68 × 0^m,93.

245. — Section des Citoyens armés de Popincourt. Brevet enluminé d'un vainqueur de la Bastille avec le cachet en cire.

Signé le 13 janvier 1793 (an II).

Plus le diplôme sur parchemin dudit avec couronne murale en bronze. (*V. Dayot, p. 112*).

246. — Laboissière, l'un des fondateurs de la République. **Magnifique portrait brodé** soie et or, costume de David, figure et mains sur ivoire, cadre ovale 39 × 30. Époque révolutionnaire.

247. — Portrait du général de B... Époque fin Louis XVI riche **cadre ajouré en bois** sculpté et doré 55 × 65.

248. — Rare et ancien portrait de Palloy. Peinture, au dos on lit : *Au citoyen Palloy, lieutenant-colonel commandant le bataillon républicain, etc.* Époque révolutionnaire.

249. — Joli dessin colorié, au chiffre de **Palloy** : Le Bonnet phrygien.

Ce bonnet sacré annonce aux tyrans
La chute très prochaine de leurs couronnes.
Qu'ils périssent sur leurs trônes chancelans :
De leurs crimes, amis, qu'on ne les pardonne.

Époque révolutionnaire.

250. — Enlèvement d'un ballon le 1er décembre 1783, médaillon en corne refrappée.

251. — Boîte ivoire, sur le couvercle en miniature **le drapeau du district de Saint-Jeaque du Haut-Pas,** 1re division, 1er bataillon.

Au centre le drapeau croisé blanc d'angles bleus fleurdelysés, bonnet phrygien entourant la Bastille sur le fond blanc avec devise : Ex servitute libertas.

252. — Boîte écaille, couvercle aux trois bustes en ivoire sur fond noir de **Le Peletier, Marat et Challier** martirs de la liberté ; époque révolutionnaire.

253. — Portrait d'**Hébert**, dit le Père Duchêne, substitut du procureur de la Commune, guillotiné le 21 mars 1794, an II.

254. — **Boîte** en ivoire à sept ouvertures représentant gravés sur nacre, au centre la guillotine et autour Louis XVI et la famille royale.

255. — **Calendrier des principaux événements de la Révolution**, cocarde de fraternité patriotique ; le vainqueur des tyrans foulant aux pieds Louis le dernier. Médaillon gravure en trois couleurs, époque révolutionnaire. **Très rare.**

256. — **Calendrier des Fêtes révolutionnaires**, des mois, décades et saisons. Émail avec trophées, attributs, cadran mobile, cadre bois doré, $0^m17 \times 0^m05$. **Rareté analogue au précédent.**

257. — Plaque porcelaine de Sèvres camaïeu. La République française est une et indivisible, décret du 25 septembre 1792.

258. — **Marat,** impression sur étoffe, médaillon. Époque révolutionnaire.

259. — Miniature garçon et fille, cadre ovale en argent à facettes. Epoque Louis XVI.

260. — Cire. L'abbé Ch. Sarrebourt, au dos se lit : *Qui nait pas flater du tout de laveus de tout le monde ager de 68 année.*

261. — **Très curieuse boîte Palloy** à transformations secrètes :

Au fond se trouve **le Bonnet rouge ou la Mort**, point de Milieu ;

Dans l'épaisseur du couvercle, au-dessous, existe une plaquette en ivoire avec ornements en argent ciselé, entourant la devise **Vive le Roi**, et les alexandrins suivants sont gravés dans les cartouches l'encadrant.

Le Roi d'un fol amour n'emprunte que les charmes,
Et pour gagner les cœurs il ne prend pas ses armes.
Son aspect, sa bonté charment les bons François
Et leurs cœurs sont pour lui sans flèche ni carquois.

Et au-dessus est fixée une plaque en argent représentant en relief **le Tombeau de Sainte-Hélène** et des personnages pleurant de chaque côté du buste de Napoléon Ier.

Chaque vue est masquée par une plaquette en écaille.

262. — **Napoléon** Ier sur le rocher de Sainte-Hélène, gravure en couleur avant la lettre.

263. — Trois Figurines en tissu de crin polychrome, représentant des personnages et soldats de la première République.

264. — Fixé. **L'Ane récalcitrant** ou la chute de Jeannette.

265. — L'Égalité, vignette polychrome, époque révolutionnaire. Au revers vue de l'Ecole de Médecine.

266. — Portrait d'homme, miniature en ivoire, époque révolutionnaire.

267. — Mme de Pompadour, miniature en ivoire, cadre ovale bois sculpté. Epoque Louis XVI.

268. — Boîte avec miniature, ovale. Portrait de femme. Époque Premier Empire.

269. — Boîte écaille avec miniature ronde. Portrait de femme, Époque Premier Empire.

270. — Miniature sur ivoire. Portrait de femme. Époque Premier Empire.

271. — Boîte écaille avec miniature ovale. Portrait de Mme Rolland.

272. — Miniature sur ivoire, **Portrait de la Maréchale Bertrand.** Époque Premier Empire, signée Desfossey 1808. Au dos sont tracées quelques lignes en italien avec cette annotation : *Derniers mots tracés par Mme la baronne Bertrand, décédée à Bonifacio le mardi 4 mai 1830, à huit heures du matin.*

273. — Médaillon miniature à double face, Grisaille. Portraits d'homme et de femme. Époque Louis XVI.

274. — Boîte écaille avec miniature sur ivoire. Portrait d'homme. Époque Directoire.

275. — **Portrait d'une femme galante.** Époque révolutionnaire. Miniature ovale sur ivoire, signée Gerdbois, 1796.

276. — Boîte avec miniature. Portrait d'un général français. Époque Premier Empire.

277. — Vignette ronde polychrome. Assignats et portraits des hommes célèbres. Le temps fauchant le tout. Époque révolutionnaire.

278. — **Miniature** sur ivoire. Portrait de femme. Louis XVI. Signée Petitot.

279. — Miniature. Portrait de femme. Époque Premier Empire; signé D'Halentot.

280. — Un autre portrait de femme. Époque Premier Empire.

281. — Boîte écaille avec miniature. Portrait d'homme. Époque révolutionnaire.

282. — Portrait de Lepelletier, assassiné le 20 janvier 1793.

283. — Portrait de femme. Dessin. Époque révolutionnaire.
Au dos on lit : Charlotte Palloy, dite Lolotte.

284. — Miniature sur vélin, Saint-Pierre. **Cadre bronze doré, ciselé. Époque Louis XIII**, sur une ancienne dorure, 16 × 13.

285. — Deux miniatures sur vélin. Portrait d'homme et de femme. **Cadre bois sculpté**, ancienne dorure. **Époque Louis XIV**. 12 × 10.

286. — **Miniature encadrée dans un portefeuille. Portrait d'un militaire.** Époque révolutionnaire.

287. — Vignette noire et sanguine.

288. — Deux sous-verre. Les tables de la Charte et coq gaulois trophée, or sur fond bleu. 1830.

289. — Éventails **non** catalogués.

290. — Défense de la Place Clichy, gravure par Jazet.

291. — Vingt-trois dessins à la plume coloriés, attribués et signés par **Vernier**, **Raffet**, **Charlet**, **Bellanger**, etc. Caricatures militaires.

292. — Dessin au crayon. **Napoléon Ier à cheval.**

293. — Gravure. Les adieux de Fontainebleau.

294. — Trois gravures coloriées. Le Coucher des Époux et le Jour des Noces. Les Arts et l'Honneur, Ah ! monseigneur, on veut nous faire rendre tout.

295. — Dessins. Jeune femme endormie, signé A. C. 1828.

296. — Plan et vue intérieure de **la Rotonde et des Galeries Colbert**, personnages, étalages, etc. Deux pièces, dessinées par Billaud, architecte, 1826.

297. — Deux affiches illustrées polychromes : Eau-de-vie de Corignac, et le Roi de pique, lithographie de Delestre, à Paris.

298. — **La Haye en 1806**. Tableau brodé en soie, corps de
gardes, nombreux personnages civils et militaires.

299. — **Massacres de Septembre**. Dessin attribué à **Moreau**.

300. — **Symbole allégorique de la Liberté** adoptant le
coq gaulois comme emblème de la République. 1792,
esquisse attribuée à **David**.

301. — Deux dessins coloriés. Artilleur et Fantassin, signés **Cha-
peron**.

302. — Charlotte Corday, gravure en couleurs par Alix.

303. — Deux médaillons, gravures polychromes. L'Essai du Cor-
set. Oh ! che boccone !

304. — Revue passée par Frédéric II, boîte, sujets polychromes.

305. — Boîte ivoire avec miniature. Portrait de Maximilien **Robespierre**, époque révolutionnaire, signée J.-L. R. 1790.

306. — Dessins par Morin, 1810.

307. — Boîte. La femme du sapeur au port d'arme. Époque 1830.

308. — Boîte étoilée avec miniature. Portrait d'homme, époque
révolutionnaire.

309. — Miniature. La Déclaration, époque Louis XVI.

310. — **Boîte ivoire : A la Guillotine.**

> *Et la garde qui veille aux barrières du Louvre n'en défend
> pas les rois. (V. Dayot, p. 251).*

311. — **Portrait ancien sur cuivre** de Marie Touchet, maî-
tresse de Charles IX.

312. — **Un autre**. Portrait d'homme, époque Louis XIV.

313. — Kléber. Médaillon.

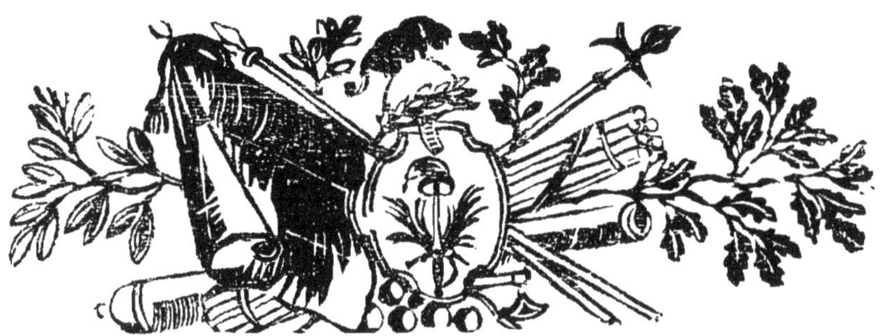

OBJETS DIVERS

314. — **Trois clefs de la Bastille** authentiques, fixées sur un guichet provenant de sa démolition.

Sous la clef du milieu, sur une carte on lit :

Cette clef faisait partie de l'énorme paquet de celles de la Bastille qui me furent apportées à l'Hôtel de Ville le mardy au soir 14 juillet 1789, et que je reçus comme président des électeurs.

Au dessus un envoi :

A Monsieur, Monsieur Palloy, patriote entrepreneur de la démolition de la Bastille, et grenadier volontaire de la 1re division de l'armée parisienne.

Il est question des deux clefs de droite et de gauche dans la notice vendue sous n° 29. Elles ont été exposée en 1835.

315. — **Éventail** orné de fac-similés d'assignats et de pièces de monnaie, le triomphe du métal ; au dos, Jean qui pleure et Jean qui rit. Époque révolutionnaire.

316. — **Éventail** monture bois ajouré, décoré de trois médaillons représentant au centre le siège de la Bastille, à droite et à gauche, corps de garde et patrouille. Gravure coloriée.

317. — **La dernière Pierre de la Bastille** encadrée dans un bois provenant de sa démolition, offerte par Palloy à l'Assemblée nationale lors de la présentation de ses

comptes. Hauteur 1 mètre, largeur 0^m,70 (pièce unique).
Sur cette pierre, Palloy a gravé les lignes suivantes :

Bastille.
C'est sur ces Pierres que les Français
aiment à aiguiser leur courage
et à jurer de maintenir
la Liberté, l'Égalité et la Loi.
Vivre
libre
ou
Mourir
Ce Monument de notre Liberté que j'ai offert
aux Citoyens réunis dans la salle des séances
de l'Assemblée nationale le 12 mars l'an IV
de la Liberté, jour de la presentation
des comptes de la démolition de la Bastille
que j'ai rendus publiquement.
Palloy,
patriote.

Il est fait mention de cet événement au n° 134.

Le musée Carnavalet ne possède qu'un exemplaire petit modèle tiré avec la pierre lithographique vendue sous le suivant numéro.

318. — **Pierre** lithographique **ayant servi à Palloy** pour le tirage en réduction des exemplaires de la déclaration ci-dessus indiquée, avec l'épreuve première imprimée sur papier à timbre minute.

Palloy en envoya un grand nombre. Le musée Carnavalet en possède un.

319. — Objets divers non catalogués.

320. — **Épingle** de cravate. Glaive piqué dans un **bonnet phrygien**, mosaïque. Époque révolutionnaire.

321. — **Bijoux divers** xviie et xviiie siècles.

322. — **Verre de Lanterne magique**, personnages Louis XV.

323. — Monocle argent doré, ciselé.

324. — Couvercle d'encrier en buis, représentant un bonnet phrygien.

325. — Faisceau de licteur formant clef de montre.

326. — **Remarquable cire**. La jolie Bouquetière, xviiie siècle.

327. — **Portefeuille** en soie **ayant appartenu à Marat** avec attestation. Époque révolutionnaire.

328. — Deux voiles dentelle or fin, XVIIe siècle.

329. — Insignes maçonniques.

330. — Boîte papeterie. Époque Louis XIII.

331. — Dix-neuf cachets civils et militaires. Révolution et Premier Empire.

Canton de Clichy, 3e bataillon des Gravilliers, etc.

333. — **Bague** aux deux martyrs de la Liberté.

334. — **Bague** aux trois martyrs de la Liberté.

335. — Cachet ovale République française.

336. — Cadran de montre émail et couleur, sujet militaire, 1830.

337. — Portefeuille avec vue du théâtre royal de l'Odéon. A l'intérieur étudiants et grisettes en goguettes, gravures. ornements, calendrier perpétuel et carnet de blanchissage mobile, etc.

338. — **Cachet** aux armes de la Ville de Paris à l'effigie de **Bailly**.

339. — Trois groupes statuettes. Caricatures militaires.

340. — Cadre et vignette d'un calendrier mobile à décades Époque révolutionnaire.

341. — Deux statuettes bois, homme et femme. Consulat.

342. — **Glace** cadre en bois sculpté, bonnet phrygien dans le fronton. Époque révolutionnaire.

343. — Siège de la Bastille, médaille bronze.

344. — Une autre, en plomb : A la gloire immortelle de la nation française.

345. — Quatre cachets. Révolution.

346. — Devant de traîneau en bois sculpté. Époque Louis XV.

347. — **Deux panneaux** bronze. Soldat d'infanterie, 1793. Grenadier, 1808.

348. — Éprouvette en cuir aux armes des Médicis.

349. — **Deux statuettes** en plâtre peint. **Dragon et grenadier**, retour de Moscou. Époque Premier Empire.

350. — Deux autres, garde nationale 1845, moulées par Hébert.

351. — **Deux statuettes** bronze. **Cent gardes** et **grenadier** de la garde. Second Empire, par **Frémiet**.

352. — Huit statuettes bronze et ivoire, sujets militaires.

353. — **Paire de bottes ayant appartenu au jeune duc de Reichstadt.**

354. — Trousse de notaire xviiie siècle, cuivre gravé et ciselé.

355. — Cinq **agrafes d'épées** en fer, ciselé et ajouré. xviiie siècle.

356. — Tabatière, sur le couvercle Napoléon Ier à cheval.

357. — Paire de sabots en blonde chenillée. xviiie siècle.

358. — **Coiffure de chasse, pour femme,** en velours de Gênes abricot, brodée argent fin. Louis XV.
Collection Spitzer.

359. — **Six cols de femme** en guipure et dentelle. Époque Louis XIII et Louis XIV.

360. — Éventail monture en ivoire décoré. Scène d'intérieur. Louis XVI.

361. — Plusieurs éventails **seront divisés**.

362. — Écran en soie. Vue de Paris. Pont de la Tournelle. Révolution.

363. — Foulard. Chute de son A. R. le duc d'Orléans à Neuilly. Médaillons représentant les divers incidents relatifs à la catastrophe. Impression trois tons.

364. — Carnet couverture en émail avec médaillon : Amours vendangeurs. 1820.

365. — **Cachet** argent, passant pour avoir appartenu à l'impératrice **Eugénie**.

366. — Trois autres, forme breloques.

367. — Jolie **pipe** en buis, garniture argent. Époque Louis XV.

368. — **Pipe** porcelaine, garnitures argent, représentant **Marceau**.

369. — **Plat** ovale en **cuivre** argenté repoussé. Renaissance, travail italien.
Collection du docteur Comparat.

370. — Débourre-pipe, cuivre finement ciselé, orné du buste de **Napoléon Ier.**

371. — Plaquette rectangulaire en ivoire à l'effigie de **Napoléon Ier.** 0^m,07 × 0^m,045.

372. — Tête de canne en ivoire. Buste de **Napoléon Ier.**

373. — Remarquable presse-papier formé par une épée d'honneur non montée en bronze doré finement ciselé avec sur la coquille un médaillon à l'effigie de **Napoléon Ier,** poignée ivoire.

374. — **Statuette** en bronze ciselé. **Napoléon Ier** en redingote debout sur le globe terrestre avec soubassement minuscule de la colonne Vendôme, hauteur 19 centimètres.

375. — Cire. — **Napoléon Ier,** signé M. C. A. G.

376. — Profils de **Napoléon Ier et de Joséphine.** Ivoire.

377. — Dessus de blague à tabac en cuivre rouge à l'effigie de Napoléon Ier.

378. — Médaillon ovale. — Napoléon Ier peinture sur porcelaine.

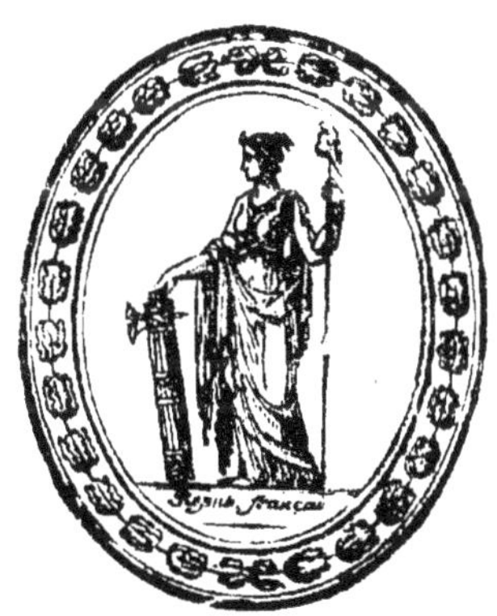

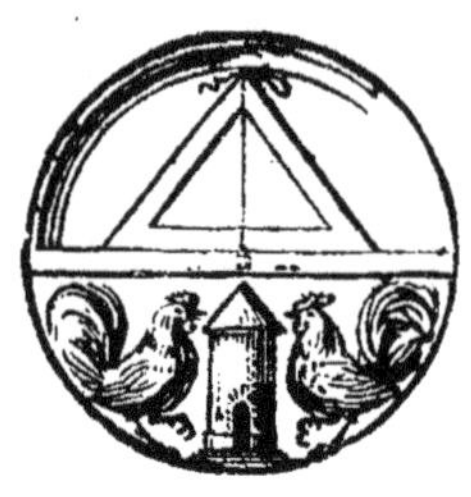

BOUTONS

379. — Cinq plaques métalliques, boutons politiques non montés. *Malouët, Pétion, Bailly, Lafayette, Necker.*

380. — Trois boutons médailles politiques sous verre à figurine en relief. **Bara, Marat, Lepelletier.**

381. — Trois boutons commémorant la prise de **la Bastille**, sujet doré sur fond blanc.

382. — Un bouton miniature. Délivrance d'un prisonnier à la Bastille.

383. — Quatre autres peintures sous verre. **La Bastille** et personnages.

384. — Cinq boutons peintures **attributs révolutionnaires.**

385. — Un bouton cuivre. **Bonaparte.**

386. — Un bouton révolutionnaire. L'**Aristocrate à la Lanterne**, dessin noir sur fond blanc.

387. — Deux autres peintures sous verre, personnages.

388. — Quatre autres, porcelaine de Sèvres, à devise.

389. — Un autre bronze, buste de Marat.

390. — Un autre, Necker.

391. — Deux autres Necker, à devise.

392. — Boutons non catalogués.

392. *bis.* **Deux cent cinquante boutons militaires**, rares, de Louis XVI au Premier Empire. (Seront vendus avec la collection de plaques).

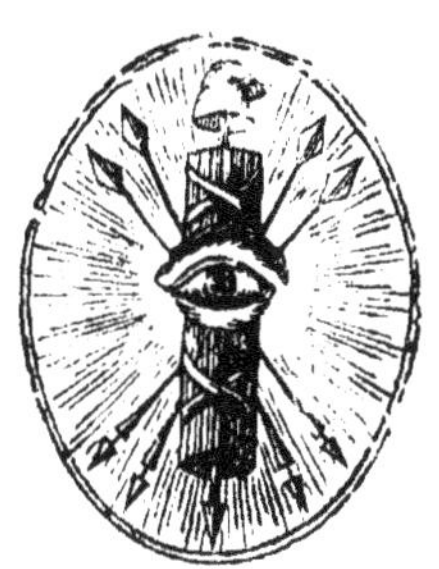

FAIENCES RÉVOLUTIONNAIRES

393. — Assiette. Un Coq, tête droite, sur un canon : *Je veille pour la nation.* (V. Dayot, p. 114).

394. — Une autre. Un Tombeau supportant une paire de balances, 1793. *La loi et la justice.*

395. — Une autre. Les trois ordres ; de chaque côté, chien et chat : *Pran garde au chat.*

396. — Une autre. La Bastille, personnages sur deux tours, drapeau : *Vivre libre ou mourir.* (V. Dayot, p. 114).

397. — Une autre. Les trois ordres entre deux médaillons, bonnet phrygien, attributs : *Union, force, liberté, patrie, 1792.*

398. — Une autre. Un Coq, tête gauche, debout sur un canon : *Je veille pour la nation.*

399. — Saladier. W. *La nation, la loi et le roi, 1790.*

400. — Plat rond. Les trois ordres, coiffés de la couronne royale, fleur de lys au centre : *Vive, la nation.*

401. — Assiette. *Assignat de dix sols 1792.*

401 *bis.* Une autre. *Constitution.*

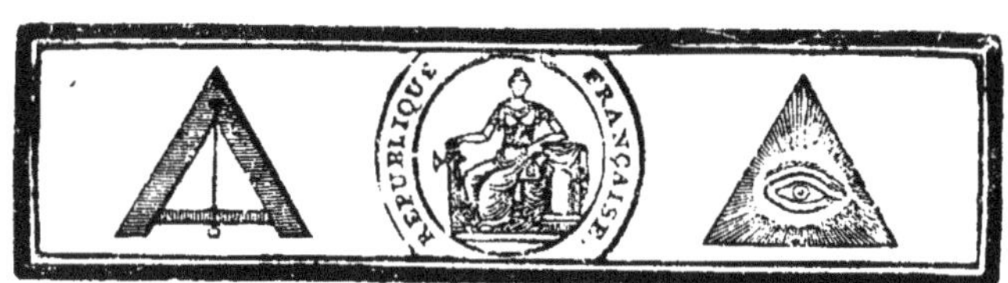

CLICHÉS

402. — Femme debout, à la proue d'un navire, tenant un glaive d'une main et l'autre appuyée sur un médaillon, coiffé du bonnet phrygien, dans le centre on lit : République Françoise; du côté opposé, faisceau de licteur et trophée, 0,^{m}08$\times$0,^{m}08. *(Voir page 32.)*

403. — Derrière un médaillon central à cadre de feuilles de chêne marquant : unité, indivisibilité de la République, Égal., Lib., Frat., se lève un soleil. A gauche, une femme y est adossée, tenant d'une main une hampe surmontée d'un bonnet phrygien et de l'autre la table des Droits de l'Homme. A droite, un coq est perché sur la Constitution et un faisceau de licteur, 0^m,065$\times$0^m,09. *(Voir page 1.)*

404. — Figure allégorique de la République, assise sur un lion gardant le faisceau, tient la balance de la Justice et la Loi. Trophées, dans le fond un soleil, pyramide surmontée du bonnet phrygien. 0^m,085$\times$0^m,06. *(Voir page 22.)*

405. — Cachet rond, un niveau à la partie supérieure, deux coqs à la partie inférieure. Diam. 0^m,03. *(Voir page 44.)*

406. — Cachet ovale, cadre feuilles de chêne; au centre, figure allégorique de la République. 0^m,055$\times$0^m,042. *(Voir page 51.)*

407. — Un autre. 0^m,058$\times$0^m,047. *(Voir page 34.)*

408. — Un autre. 0^m,048$\times$0^m,04. *(Voir page 43.)*

409. — Un autre. Au centre, faisceau de licteur croisé de piques se détachant sur soleil; au centre, l'œil, au-dessus le bonnet phrygien. 0^m,027$\times$0^m,033. *(Voir page 45.)*

410. — Un autre. OEil dardant sur la Constitution républicaine, 1793. 0^m,019$\times$0^m,03. *(Voir page 50.)*

411. — Vignette. La République assise tient d'une main le globe terrestre et de l'autre le bonnet phrygien piqué. A gauche, le niveau, égalité ; à droite, le bonnet phrygien, liberté ; 0^m,035 $\times$ 0^m,040. *(Voir page 26.)*

412. — Cachet. La Charte avec la couronne royale entourée d'un
trophée de drapeaux.

413. — Vignette. Deux Amours couronnant le bonnet phrygien
placé sur un faisceau R. F., Liberté, Égalité.
$0^m,058 \times 0^m,035$. *(Voir page 55.)*

414. — Cul-de-lampe. Au centre, médaillon de la République ; de
chaque côté, niveau et œil sur fond triangulaire ;
$0^m,085 \times 0^m,02$. *(Voir page 49.)*

415. — Un autre.

416. — Un autre. Trois médaillons renfermant un papillon enca-
dré de fleurs ; $0^m,075 \times 0^m,02$. *(Voir page 45.)*

417. — Vignette. Deux figures allégoriques de la République et
de l'Histoire sont accoudées au médaillon de la nation,
et la Loi, attributs du Commerce, des Arts et de
l'Industrie, $0^m,115 \times 0^m,004$. *(Voir page 25.)*

418. — Un autre. Trophée encadrant un médaillon renfermant
le bonnet phrygien piqué sur une épée ; $0^m,18 \times 0^m,038$.
(Voir page 39.)

419. — Cachet rond. Au centre, bonnet phrygien, faisceau de
licteur, feuilles de chêne. Autour : Soyez dignes d'être
des républicains. *(Voir page 21.)*

420. — Clichés non catalogués.

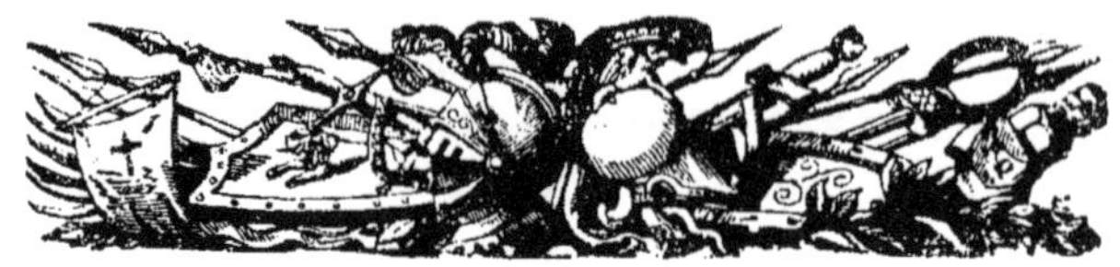

ARMES

421. — Deux Épées xviiie siècle.

422. — **Pique de la citoyenne Julie de la Section de Portefoin.** Au revers : Vivre libre ou mourir. Époque révolutionnaire.

423. — **Sabre d'honneur** ayant été donné à W.....
Ciselure et gravure remarquables.

424. — **Sabre d'honneur,** garnitures en argent ayant été **donné par le Premier Consul** au capitaine Boutrin de la 57e demi-brigade de ligne, manufacture à Versailles.

425. — Cimeterre d'officier supérieur, retour de la campagne d'Egypte.

426. — **Sabre d'honneur** offert par les sapeurs-pompiers de la ville de Tours à leur capitaine G. M., 4 décembre 1862.

427. — Poignard, poignée et pommeau à emblème républicain.

428. — Garde d'épée en ivoire avec attribut de la première République, trophées, canons, bonnet phrygien, etc.

429. — **Sabre,** fourreau cuivre, garde cuivre ajourée, faisceau de licteur, bonnet phrygien et R. F.

429 *bis.* Armes non cataloguées.

CURIOSITÉS MILITAIRES

430. — **Drapeau révolutionnaire** ayant orné l'**Autel de la Patrie en Danger ;** hampe pique bariolée aux trois couleurs.

430 *bis*. **Drapeau** de la corporation des Justiciers du canton de Zurich. xviie siècle.

431. — **Fanion** du 2e bataillon du 1er régiment de tirailleurs algériens, avec sa hampe surmontée du croissant sur boule en cuivre doré, 1868.

432. — **Drapeau** d'un régiment Suisse au service de la France.

433. — **Drapeau** du régiment de Guersault.

434. — **Habit d'officier** subalterne. Époque **Louis XVI.**
> *Fond blanc : revers, parements et passepoil rose ; boutons argent n° 32.*

435. — **Un autre** de la même époque.
> *Fond blanc ; revers et passepoil bleu ; boutons or n° 53.*

436. — Aiguillettes et épaulettes de Cent-Gardes.

437. — **Chapeau d'un garde du corps,** maison du Roi, **Époque Louis XVI,** avec sa cocarde et la ganse au dessin du Corps.

438. — Feutre d'un commissaire au Directoire exécutif, 1795.

439. — **Bonnet de police** en drap brodé, orné d'emblèmes révolutionnaires.

440. — Colbach de tambour-major, avec son plumet. Second Empire.

441. — Coiffures non cataloguées.

442. — **Numéro de conscrit, 1848.**

443. — Douze cocardes Révolution et Premier Empire.

444. — Gourde avec trophée et attributs militaires.

445. — Paire d'épaulettes de colonel. Premier Empire, or et argent fin.

446. — Une autre de capitaine, or fin.

447. — Curiosités militaires non cataloguées.

448. — Banderole de giberne d'un garde du corps, Louis XVI.

449. — Giberne de grenadier à pied de la Garde, 1816.

450. — **Couvre - fontes et ceinturon d'un officier de chasseurs** du département de l'Orne. — Cuivrerie dorée et ciselée, au centre des macarons une fleur de lys entourée d'une couronne de laurier, avec la devise Sans peur et sans reproche. Ch^rs. de l'Orne. Louis XVI.

451. — Casque Restauration.

452. — **Sabretache** d'officier de la **Garde royale**, petite tenue, **1816.**

453. — **Sabretache** d'officier de la **Garde royale. 1822.**

454. — Sabretache de hussard, 1848.

455. — Plumet d'officier d'infanterie de ligne, premier Empire, avec son étui : Blanchet, plumacier.

456. — Plumet de hussard. Premier Empire.

457. — Plumet russe.

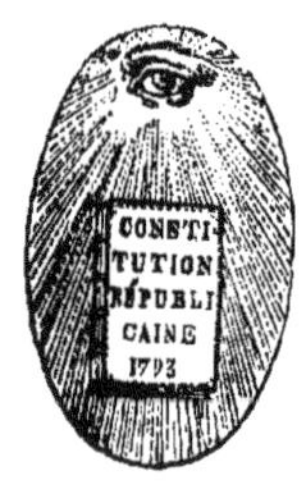

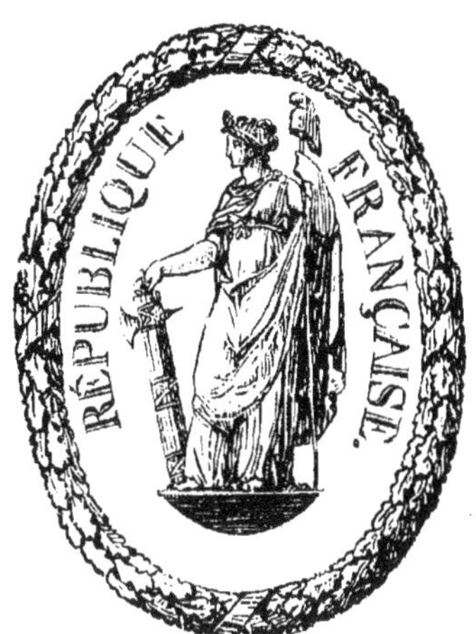

CUIVRERIE

458. — Quatre hausse-cols Révolution.

459. — Plaque de shako losange, 1808.

460. — Aigle de sabretache de hussard, petite tenue. Premier
Empire.

461. — Deux aigles giberne premier Empire.

462. — Paire de bossettes de mors, époque Louis XIV.

463. — **Plaque** de bonnet à poil. **Révolution.**

464. — Plaque de bonnet à poil, grenadier de la garde. Premier
Empire.

465. — Boucle de ceinturon, officier du génie. Premier Empire.

466. — Médaille de **colporteur de la communauté des Li-
braires à Paris, 1769.**

466 *bis*. Plaque de bonnet à poil. Restauration.

467. — Boucle de ceinturon de la corporation des Bouchers,
XVIIᵉ siècle.

467 *bis*. Plaque de coiffure. Premier Empire.

468. — Dessus d'horloge Franc-Comtoise en bronze ciselé. Époque
révolutionnaire.

469. —Attribut de giberne des gardes de la Prévôté. Restauration.

470. — Attribut de baudrier. Premier Empire.

471. — Plaque de shako, officier, compagnie de chasseurs, nº 2, 1812.

472. — Boucle de ceinturon de Commissaire des guerres.

472 *bis*. Cuivrerie non cataloguée.

COLLECTION

DE PLAQUES MILITAIRES FRANÇAISES

473. — **Plaque de Mître. Officier. Époque Louis XV.**

474. — **Plaque** de bonnet à poil, **à bandeau articulé,** nᵒ 2. Officier. **Époque Louis XVI.**

475. — **Une autre,** nᵒ 1, soldat. **Époque Louis XVI.**

476. — **Une autre,** Officier. **La Terreur, la Mort. Époque Louis XVI.**

477. — Plaque de giberne même provenance.

478. — **Plaque** de bonnet à poil, **officier de gardes françaises.** Époque Louis XVI.

479. — **Une autre,** Versailles. Époque fin Louis XVI.

Plaque de coiffure, losange, avec fleur de lys en relief. Époque Louis XVI.

480. — Plaque de baudrier, en bronze ciselé, aux armes de Condé, Époque Louis XVI.

481. — Plaque de baudrier. Époque Louis XVI.

482. — Plaque de casque de dragon, Louis XVI. Officier.

483. — **Plaque** de bonnet à poil. **Officier.** Paris. **Époque révolutionnaire.**

484. — **Une autre,** Paris. Soldat. Époque révolutionnaire.

485. — **Une autre,** GN de Fce. Époque révolutionnaire.

486. — **Une autre,** la Nation. la Loi, le Roi. Époque révolutionnaire.

487. — **Une autre,** Liberté, Constitution. Époque révolutionnaire.

488. — **Une autre :** Notre union fait notre force. **Au centre,** sur le bonnet phrygien piqué, **un coq est perché.** Époque révolutionnaire.

489. — **Une autre, 45ᵉ demi-brigade.** Époque révolutionnaire.

490. — **Trois Boucles de ceinturon d'officier**. Époque
révolutionnaire.

491. — Six Plaques de giberne. **Époque révolutionnaire.**

492. — **Plaque de baudrier**, cuivre argenté, bonnet phrygien,
faisceau et tête de mort, avec devise. Époque révolutionnaire.

493. — Plaque de baudrier d'agent du ministère de la police
générale. Époque révolutionnaire.

494. — Plaque de baudrier. Époque révolutionnaire.

495. — **Plaque** de bonnet à poil d'**officier de la garde des
consuls. Époque consulaire..**

496. — **Boucle de ceinturon d'Officier des grenadiers à
cheval de la garde des consuls.** Époque consulaire.

497. — **Grenade d'honneur.** Le Premier Consul au citoyen
P. Jacob, maréchal des logis au 6e bataillon du train
d'artillerie, pour s'être distingué aux affaires d'Italie,
les 6, 10 et 16 germinal an VII (brassard complet).

Article 97 de la Constitution **de l'an VII.**

498. — **Plaque de bonnet à poil,** cuivre rouge, grenadier
de la garde. **Époque premier Empire.**

499. — Une autre, en cuivre jaune, grenadier de la garde. Époque
premier Empire.

500. — Aigle en cuivre rouge, pour attribut de giberne de grenadier de la garde. Premier Empire.

501. — Un autre cuivre jaune.

502. — Aigle et couronne, attributs de sabretache Premier Empire.

503. — Aigle en cuivre doré. Attribut de sabretache Premier
Empire.

504. — Deux aigles, attributs de coiffure. Premier Empire.

505. — **Aigle de banderole,** bronze doré. Premier Empire.

506. — **Un autre de troupe.** Premier Empire.

507. — Boucle de ceinturon d'officier des Douanes. Premier
Empire.

508. — **Plaque de shako losange nᵒ 101**. en relief. **Époque 1805.**

509. — **Plaque de shako losange, à l'aigle, de l'École de Saint-Cyr. Époque 1808.**

510. — **Une autre, Officier de chasseurs** nᵒ 2. Époque 1808.

511. — **Une autre** dont la tête est tournée à droite nᵒ 7. Époque 1808.

512. — **Plaque de shako, losange, Officier d'artillerie de la Garde** nᵒ 1. **Époque 1808.**

513. — **Une autre,** infanterie de ligne. nᵒ 7. Époque 1808.

514. — **Une autre,** sans numéro. Époque 1808.

515. — **Plaque de shako, infanterie légère.** Officier. Compagnie de chasseurs, nᵒ 8. **Époque 1812.**

516. — **Une autre** dorée, obtenue par l'appropriation de celle qui était particulière aux gendarmes d'ordonnance créés en 1806. Officier Nᵒ 10. Le numéro a été substitué à la queue de l'aigle.

517. — **Une autre,** infanterie légère. Officier. Compagnie de voltigeurs, sans numéro. Époque 1812.

518. — **Une autre,** infanterie légère. Officier. Compagnie de carabiniers. Époque 1812.

519. — **Une autre,** infanterie de ligne. Officier. Compagnie de grenadiers, nᵒ 28. Époque 1812.

520. — **Une autre,** infanterie de ligne. Troupe. Compagnie de grenadiers, nᵒ 1. Époque 1812.

521. — **Plaque de shako,** nᵒ 7, entourée d'une couronne de laurier frappée à l'étranger. Époque 1812.

522. — **Une autre** avec le numéro 75 en relief dans le soubassement. Époque 1812.

523. — **Plaque de shako.** Artillerie de marine. Époque 1812.

524. — **Une autre** de frappe différente. Époque 1812.

525. — **Plaque** à bandeau, attribut de coiffure, nᵒ 16, frappée à l'Étranger. Époque 1812.

526. — **Plaque de shako,** dite des Cent Jours. Époque Premier Empire.

527. — **Plaque de giberne**. Même époque.

528. — Attribut de coiffure, n° 4. Premier Empire.

529. — **Plaque de bonnet à poil. Cent Suisses.** Époque
Restauration.

530. — Plaque de giberne de même provenance.

531. — **Plaque de bonnet à poil d'officier du corps
royal des grenadiers de France.** (1814-1815.)

532. — Plaque de shako, régiment de Hohenlohe. Restauration.

— Plaque de shako losange, fleur de lys en relief. Compagnie départementale, 1814.

***

Vu l'intérêt qui s'attache à ce que cette collection
ne soit pas dispersée, elle sera vendue sur une mise à
prix de **SIX MILLE FRANCS. (N**os **473 à 532 plus les
boutons catalogués sous le n° 392 bis.)**

MEUBLES, ÉTOFFES, CADRES

— **Console et Glace** en bois sculpté, époque Louis XV.

533. — **Trois jolies glaces**, anciennes, bois sculpté et doré.

534. — Lot important d'**Étoffes anciennes**.

535. — Deux encoignures.

536. — Un dessus de bureau.

537. — Quantité de galon ancien.

538. — Cadre en bois sculpté, doré, XVIIIᵉ siècle, 19 × 26.

539. — Un autre, Louis XIV. 24 × 32.

540. — Un autre, 12 × 15.

541. — **Jolie pendule** en marqueterie de Boule ornée de bronze doré, surmontée d'une Renommée, cadran et attributs dorés, signé Coupson à Paris, XVIIIᵉ siècle, haut. 0ᵐ80.

542. — **Très important lot** d'appliques, bronze, cuivrerie **pour meubles** des XVIIᵉ et XVIIIᵉ siècles.

543. — Cadre ovale, bronze doré, XVIIᵉ siècle.

544. — Sous ce numéro seront vendus les objets omis au catalogue.

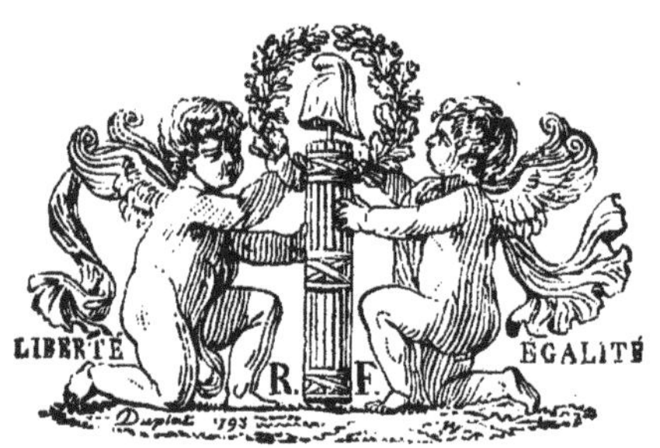

IMPRIMERIE CHAIX, RUE BERGÈRE, 20 PARIS. — 22210-11-96. — (Encre Lorilleux).

Hôtel Drouot, Salle 11

EXPOSITION PRIVÉE
De 1 h. 1/2 à 3 heures
DE
COLLECTIONS RÉVOLUTIONNAIRES
Le Dimanche 13 Décembre 1896

ENTRÉE

Vente le 14 Décembre 1896

Mᵉ SANONER, Commissaire-Priseur, 27, rue de Châteaudun
M. COURTOIS, Expert, 72, rue d'Auteuil.

IMP. CHAIX. — 22402-11-96.